哥林多前书

上

李载禄博士

URIM
BOOKS

目 录

引 言

丰富记录着灵肉间的信仰指南

现代人生活在文明高度发达的社会中，容易因价值观的混沌而迷茫和彷徨。这不仅是世人所遭遇的，基督徒在信仰里面也会碰到诸如圣徒间的纠纷或诉讼、结婚或离婚等各种问题。

况且，仇敌魔鬼、撒但用浑身解数来诱惑信神的人爱世界，远离真理。因此，渴望遵行真理的人，自然会苦苦寻求解决自己难处和问题的方法。

哥林多教会也是如此。使徒保罗时代的哥林多贸易昌盛，经济繁荣，自然就成为各样种族的云集之地。当时的哥林多有富裕阶层、贫苦阶层、奴隶阶层等多种阶层，而且盛行多神教，腐化堕落，是闻名遐迩的享乐之都。

哥林多教会的圣徒们因在这种环境中过信仰生活，所以存在许多矛盾和问题，再说教会成立不久，信仰上遇到诸多困难也是在所难免的。使徒保罗向他们指明正确的路径，提供基于圣经的解答，将他们引入成熟的信仰境界。

哥林多前书针对基督徒在生活中普遍遇到的问题做出了明晰的解答。这些信息同样适用于生活在复杂的现代社会的我们，故此将此道消化吸收，对我们来说是非常重要的。

本书浅显易懂地解释该怎样理解并处理纷争、传道、结婚，以及祭偶像之物、属灵恩赐等多种问题，清晰显明神的旨意。

衷心感谢为此书的出版付出辛劳的宾锦善编辑部部长，以及全体同工，奉主的圣名祝福每一位读者能够明白神的旨意，并遵其而行，从而得享丰盛的美福。

2008年5月

李载禄博士

哥林多前书概要

1. 关于记录者

　　哥林多前书的记录者是使徒保罗。使徒保罗在遇见耶稣基督之前名叫扫罗,出生于小亚细亚东南边基利家地区的重镇——大数,受教于当时极富盛名的教法师——迦玛列门下。

　　在名师的教导下学习律法的扫罗,对哲学也有很深的造诣。他是一个爱神胜过众人,彻底遵守律法的律法主义者,是希伯来人所生的希伯来人,即纯粹的希伯来人。他还拥有当时叱咤世界的罗马的市民权,其权势浩大。

　　遇见耶稣基督之前,扫罗甚为逼迫信主的人。他认为信耶稣基督的人对自己热烈信奉的法利赛派犹太教造成威胁,便率先逼迫基督徒,并将他们捉拿归案,下在监牢。

扫罗在为了拘捕基督徒前往大马士革的途中遇见了主耶稣（使徒行传9章）。神之所以拣选当时甚为逼迫耶稣基督的扫罗为使徒，乃是因他有热爱神的内心。神预知扫罗一旦遇见主，就会立刻悔改归正，并带着满腔热忱忠心服侍主，便在万世以前将他选定。

之后，扫罗更名为保罗，身为外邦人的使徒为主至死忠心，为早期基督教的传播做出了不可磨灭的贡献。他历经三次传道旅行，为世界宣教奠定了基础，在小亚细亚、希腊等地建立了许多教会。

使徒保罗遇见主之后，一心为主舍命献身。他身为奉召的主仆、使徒，完成了主所托付的所有使命。

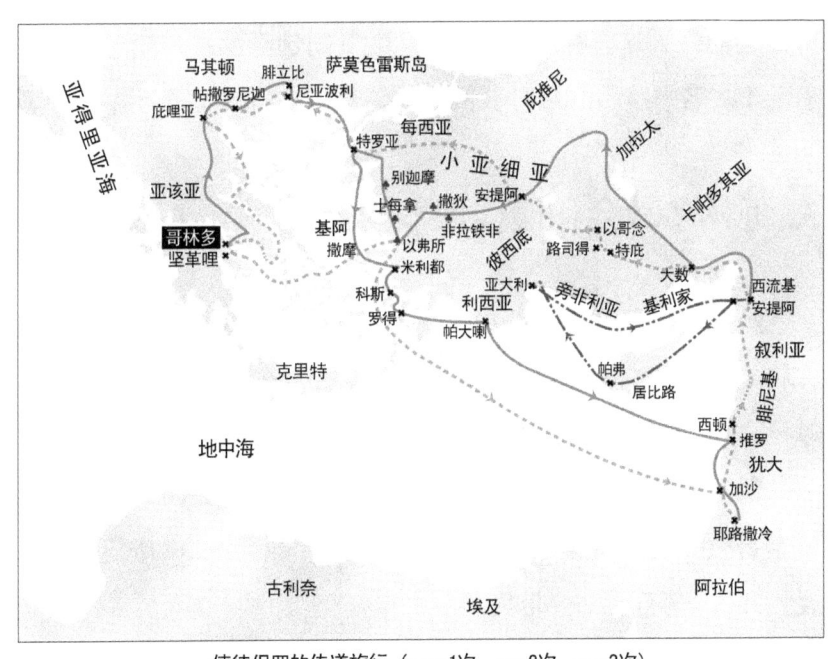

使徒保罗的传道旅行（——1次 ---2次 ——3次）

2. 关于哥林多

哥林多是位于希腊南部的大都市，在使徒保罗时代为罗马的殖民地，东、西、南三面环海；北邻西亚细亚，西邻罗马，为亚细亚与罗马的贸易中心。

哥林多是一个富裕繁荣的商业都市，罗马帝国各地的官员、军人、实业家、船员们汇聚于此。哥林多频繁举行体育竞赛，还以高超的建筑技术和灿烂的艺术文化著称，然而由此滋生的享乐主义的蔓延，使得哥林多宗教堕落、道德败坏。

哥林多有包括阿佛洛狄忒神殿的三十多间异教神殿，人们在行商之前先到这些神殿祭拜祈福。尤其阿佛洛狄忒神殿附近居住着一千多名娼妓，可以窥见哥林多这个城市堕落的状貌。

3. 哥林多教会和使徒保罗的关系

约公元50年，使徒保罗在第二次传道旅行中与西拉和提摩太同工，在雅典和哥林多传播福音并建立了教会。保罗在此地遇见亚居拉、百基拉这一对爱主的年轻夫妇，和他们同业（制造帐棚）、同住并同工。

保罗一开始在犹太人的会堂里传福音，因犹太人的排斥，在皈依基督教的犹士都家里同住一年半，奠定了教会的基础。信徒主要是外邦人，也有一部分是犹太人。

4. 写作时期和场所及动机

　　哥林多前书是保罗在第三次传道旅行中停留在以弗所时所记录的书信，记录年代约为公元55年。哥林多教会的圣徒们生活在淫乱、腐败的社会环境中，所以当他们努力过虔诚的信仰生活时，不免遇到各种问题。

　　哥林多教会除了富裕阶层和贫苦阶层之间形成隔阂以外，还遇到圣徒之间的法庭诉讼、婚姻、纯洁性、吃祭偶像的肉等各种问题。听到这一消息的使徒保罗记录了哥林多前书，对这些问题做出了正确的解答。

5. 哥林多前书的特征

　　罗马书和加拉太书等着重教义的阐述，而哥林多前书则着重教会中存在的实质性问题。包括圣徒在教会里的行为准则，书中阐述着有关主内的弟兄之间，或个人在日常生活中所面临的问题的教训，是一封非常实用的书信。

　　书中对教会内部的纷争、属灵恩赐的滥用、婚姻或圣餐礼、祭偶像之物或复活等问题做出正确的解答，指明正确的路径。因此，学习领会哥林多前书并以此为生命之粮，将会对大家的信仰生活大有帮助，使大家能够明确认识神的旨意，从而度过蒙福的人生。

第一章

奉神的旨意成为
使徒的保罗

使徒与主的仆人

靠三位一体的神得到拯救

怎样才能都说一样的话

基督是神的智慧与能力

当指着主夸口

使徒与主的仆人

"奉神旨意，蒙召作耶稣基督使徒的保罗同兄弟所提尼，"（1章1节）

使徒保罗在遇见耶稣基督之前名叫扫罗。他将主的门徒下在监牢，逼迫苦害。在彻底的律法主义者扫罗的眼里，把耶稣当作弥赛亚来追从，是亵渎神的行为。

当今世界的律法主义者们也是如此。他们因为解释圣经只限于字面上的意义，所以如果听说一个教会像初代教会一样大大彰显圣灵的大能，显现神迹和奇事，就说其是"神秘主义"、"走邪了！"，妄加论断和定罪。

将耶稣差遣到这世界的神，看透万事，预知热爱神的扫罗一旦遇见基督耶稣，就会认罪悔改，为神至死忠心，便在万世之前拣选他做外邦人的使徒。扫罗在大马士革路上蒙主呼召，成为完全无可指摘的神的仆人、外邦人的使徒，为主献出了自己的一生。

"仆人"是指隶属于主人，单单遵照主人的意思而生活的人。在主身体的教会里，主人就是神，因此身负传福音之使命的主的仆人，理当单单顺从神的话语。

主仆的五大类型

第一节："奉神旨意，蒙召作耶稣基督使徒的保罗同兄弟所提尼，"在此保罗称自己为使徒。人不能自封为使徒，只有奉神的旨意蒙召的人才配做使徒。

如今，主的仆人当中有奉神的旨意而成的，也有不是的。主的仆人可分五大类型：

有像使徒保罗一样神亲自呼召的；有蒙恩之后自愿当的；有出于他人劝勉的；也有出于贪婪之心，或顺着撒但的作工而成的。

照神的旨意蒙召做主仆，或知恩图报，自愿走主仆道路，这两种情况都是合宜的。除此之外，虽因他人的劝勉做了主的仆人，但领悟神的恩典之后抱着至死尽忠的心志走主仆道路者也是合宜的。

不可做主仆的情况

有的人因父母或周边人的劝勉，勉强走主仆道路。比如说，有的人因事业屡遭失败，做事不顺，便找到祈祷院或找主的仆人接受预言。

"神已拣选你做主的仆人，所以你无论做什么事都会失败的。"

"是吗？难怪做事没有一样成的，原来神为了叫我做主的仆人，使我的事业倒闭！"

就这样听人的劝勉而成为牧会者的屡见不鲜。他们走主仆的道路是出于勉强，出于对神的惧怕，而不是出于爱神，这是不合宜的。查考圣经我们可以发现，神并没有拣选失败者或无能者，而是拣选有智慧、聪明、卓越的人做自己的仆人。

还有一种人是"雇工"。他们因觉得作主的仆人很风光，又误以为主的仆人可以任意使用教会的奉献金，便随从贪婪之心，做了主的仆人。

另外还有仇敌魔鬼、撒但嗾使良心败坏的人做主仆的情况。撒但利用这些人亵渎神的国。这种主仆，人千万当不得。

教会里面的次序

偶尔有人问："在教会里面众人合一，何必要有牧师、传道师等各种职分呢？"然而，一个家庭里也有次序——父亲是一家之主，其次是母亲，然后是兄弟之分。

若全家人都行使父亲的权柄，家庭便站立不住；若公司里所有的人都做总经理，公司便无法运转。无论任何团体或机构只有遵循次序，才能稳固发展，融洽运转。

哥林多前书12章28节说："神在教会所设立的：第一是使徒，第二是先知，第三是教师，其次是行异能的，再次是得恩赐医病的、帮助人的、治理事的、说方言的。"从中可以看出得医病恩赐者在次序上排在使徒、先知、教师、行异能者之后。

可是如今有些人轻视这种次序，在教会中挑起事端。例如：有人得了医病的恩赐，却不顺着教会的次序而行，反倒变得骄傲、藐视、论断主的仆人。有的人还以说预言为借口去拉拢人，分门结党。这种事，在教会当中决不可容忍。

谁是使徒？

"使徒"是指没有自己的想法而尽心尽意成就主人或师尊旨意的人，即指像主耶稣一样一心顺着父神的旨意而行，行走主的道路，行事为人完全无可指摘的人。主的仆人虽多，并非都是使徒。

那么，怎样才能奉神的旨意，完成所托付的使命呢？关键就是效法主的心，成为圣洁。我们只有具备圣洁的心灵，加上有医病的恩赐、行异的恩赐、讲道的恩赐随着，才能做耶稣所做的事——医治病人、释放被邪灵捆绑的人、用神的道造就人，使其行在神的旨意当中。

由于这个原因，"使徒"一词在主耶稣降世以后才出现。那么，我们当怎样看待旧约时代的摩西先知呢？或许有人质疑："保罗、所提尼、提摩太等都称为使徒，难道他们比摩西先知还大吗？"

摩西先知如果生在新约时代，照样会被称为使徒。新约时代，主亲自拣选并教导门徒，因此凡以主为师，全然成就主旨意的门徒，都是使徒。然而，在旧约时代神亲自治理并教导人，因此摩西先知没有师尊。

就像君王不收门徒或门生一样，在旧约时代神直接启示于人，因此"使徒"一词是多余的，然而在新约时代，由于门徒们是因主而产生的，所以冠以使徒的名称。

约翰福音14章12节说："我实实在在地告诉你们：我所作的事，信我的人也要作；并且要作比这更大的事，因为我往父那里去。"

因此，通过如火般的祷告，领受权能，像主一样彰显神迹奇事，并驱走仇敌魔鬼，医治病人，用生命之道造就羊群，使其活在真理里面的人才是真正的使徒。总之，使徒就是奉神的旨意，全然成就所托付之使命的人。

靠三位一体的神得到拯救

"写信给在哥林多神的教会，就是在基督耶稣里成圣，蒙召作圣徒的，以及所有在各处求告我主耶稣基督之名的人。基督是他们的主，也是我们的主。愿恩惠、平安从神我们的父并主耶稣基督归与你们！"（1章2-3节）

第二节："在基督耶稣里成圣"是指在主里面脱去违背真理的一切，用真理装备自己，活在真理里面。"圣徒"是在真理里面成圣的群体，即照神的话语生活的人。

不活在真理里面的人，即盲目来往于教会，仍旧犯罪作恶，诽谤、猜忌、嫉妒、仇恨弟兄，不全守主日的人，不能称之为"圣徒"，而是称作"教徒"。在神看来这类人是"糠秕"，是与救恩无缘的人。我们应当遵照神的话语生活，做当之无愧的"麦子"圣徒，以至完全得救。

第三节中使徒保罗祝福所有为了成为圣洁神的儿女而出席教

会的人，常有属天的恩惠与平安。人来到教会敬拜神，即使他尚未具备圣徒的资格，也是出于建立信心的目的。因此，保罗为整个信众祝福，愿他们常有所赐的恩惠与平安。

这里所谓"恩惠"是指神透过耶稣基督白白所赐的救恩。凡认在十字架上舍命、复活的神子耶稣为主，信祂名的人，神就赐他们生命与救恩，这便是恩惠。

蒙恩得救的人若明白神的本质、神的旨意、蒙福的法则等真理，并谨守遵行神的话语，就能得享所赐的真平安。神感动保罗，使他记录圣经，这是所赐于我们众人的祝福。

> "我常为你们感谢我的神，因神在基督耶稣里所赐给你们的恩惠，又因你们在祂里面凡事富足，口才、知识都全备。正如我为基督作的见证在你们心里得以坚固，以致你们在恩赐上没有一样不及人的，等候我们的主耶稣基督显现。"（1章4-7节）

使徒保罗常常感谢神恩。因着耶稣基督蒙恩得救的我们也应当常常向神谢恩。人们常说信主的人口才好。用真理装备自己的人自然有一口好的口才，这乃是住在我们心里的圣灵所赐的口才。即使是性格内向的人，只要用神的道装备自己，就能在圣灵的作工下，坦然无惧地见证耶稣基督。

第6节说："正如我为基督作的见证在你们心里得以坚固，"基督作为神子，降世为人，钉死在十字架上，代赎了我们的罪；祂成就天父的旨意，复活、升天，到时再来接我们到祂那里去等，这些都是保罗为基督作的见证。若通过主的仆人，或主内的弟兄常听到这些真理之道，就会信心增长，得以坚固。

耶稣以爱完全了律法。同样，我们爱神的心若得以完全，就能全守真理，无可指摘。凡这样遵行神话语的人，都会爱慕新郎——主耶稣基督的再来。（启示录22章20节）

圣经将主比作新郎，将信神的人比作主的新妇，这新妇也包括男性。具有爱的恩赐的人，即活在真理里面的人，因为已经做好了新妇妆扮，所以自然会爱慕和等候新郎——主耶稣的显现。

因此，7节说："以致你们在恩赐上没有一样不及人的，等候我们的主耶稣基督显现。"这里"恩赐"指的是哥林多前书13章的爱的恩赐，即尽心、尽性、尽意爱神的恩赐。

"祂也必坚固你们到底，叫你们在我们主耶稣基督的日子无可责备。神是信实的，你们原是被祂所召，好与祂儿子我们的主耶稣基督一同得份。"（1章8-9节）

这里"祂"是指耶稣基督和圣灵。若没有圣灵的帮助，我们只能活在罪孽之中。凡接待耶稣基督的人都会领受所赐的圣灵，这位圣灵帮助圣徒们明白真理，遵行主道。

8节："我们主耶稣基督的日子"，是指耶稣基督再临的日子，或审判的日子。"你们"，不单指哥林多教会的圣徒们，是包括所有领受此道的神的儿女。

我们蒙恩得救，当然是靠耶稣基督的圣名。那么，我们不靠着赐下独生爱子的神而单靠耶稣基督能得救吗？因着神的慈爱，耶稣基督被差遣到这个世界；因着耶稣基督为我们舍命、赎罪，我们便得到了救恩。

那么，我们只靠神和耶稣基督就能得救吗？若没有圣灵的帮助我们是不能得救的。凡承认自己是罪人，以谦卑的心接待耶稣基督的人，都能领受所赐的圣灵。圣灵住在人的心里，将人引入真理里面，为罪、为义、为审判，叫人自己责备自己，并赐恩典与能力，坚固信心，完成救恩。

总之，我们得救是靠神、耶稣基督、圣灵这三位一体的神。直到审判的日子，耶稣基督和圣灵必坚固我们到底，造就我们无可指摘。

9节说："你们原是被祂所召"意指：是神呼召我们到教会，引导我们信仰耶稣基督。我们并非自己到神面前来领受救恩，乃是神先呼召了我们。因此我们不能说我自己到教会领受了救恩。

我们可以发现经文中用多种方式称呼耶稣，如："祂儿子"、"耶稣"、"基督"、"我们主"。这并不是因为神喜欢复杂，而是每一样称呼都包含着不同的灵意。

神用万世之前所隐藏的奥秘来拯救我们，那奥秘就是耶稣基督。因此，"祂儿子"是指神的独生子。祂的独生爱子降世为人，便是"耶稣"，此名之意是："要将自己的百姓从罪恶里救出来"（马太福音1章21节）。

"基督"则是"受膏者"之意，即指领受神命令的使命者。因此，"祂儿子，我们的主耶稣基督"所包含的意思是：万世以前所隐藏的奥秘——神的独生子，为了将自己的百姓从罪恶里救出来，降世为人，在十字架上舍命，代赎了我们的罪，敞开了救恩之门，便成为我们的救主。

又说"神是信实的"。"信实"的词义是：可信、诚实可靠。保罗说"神是信实的"，其中也包含着赞美神的重要意义。

是对神全能、美妙、恩慈、仁爱等一切属性的赞词。

怎样才能都说一样的话

"弟兄们，我藉我们主耶稣基督的名，劝你们都说一样的话。你们中间也不可分党，只要一心一意，彼此相合。因为革来氏家里的人曾对我提起弟兄们来，说你们中间有纷争。我的意思就是你们各人说：'我是属保罗的'，'我是属亚波罗的'，'我是属矶法的'，'我是属基督的'。"（1章10-12节）

保罗规劝神的儿女们都说一样的话。人的想法千差万别，我们怎能都说一样的话呢？这里所谓"都说一样的话"意指：我们正确领会神的道，并且活在真理里面，便能都说一样的话。

哥林多教会有纷争，这意味着圣徒们彼此都还未除净非真理的意念，从而未能在神里面合而为一。这是在嘱托我们要除去非真理的意念，常住在真理里面。

我们若活在神的道里面，自然心灵合一，意念相同。真理是独一的、统一的。因此，我们只要顺着圣灵的声音而行，自然心灵合一，意念相同。

例如：当主的仆人或工人接受圣徒信仰咨询的时候，给出的答案往往因人而异。真理是独一的，答案却不统一，是因为教导者没有在真理里面合而为一。如果向已装备好属灵之道，能清晰听到圣灵声音的主的仆人咨询，得到的答案就会大部分一致，因为他们常被圣灵引导，正如罗马书8章14节所说："因为凡被神的灵引导的，都是神的儿子。"

使徒保罗劝勉说："你们中间也不可分党，只要一心一意，彼此相合。"我们应当单单用神的道装备自己，因为神的道是独一无二的真理，是判断真理的惟一标准。人不可固执己见，不合自己的想法就挑起纷争，离间弟兄。神称此为"撒但一会"，绝不饶恕。在教会里面不容许存在任何纷争。

使徒保罗看了从革来氏家寄来的书信，便得知哥林多教会有纷争一事。哥林多教会因没有活在真理里面，顺着人意行事，便出现了分门别类、结党、纷争的现象——互相说我是保罗派，我是亚波罗派。

现今教会当中，结党、纷争的事屡见不鲜。这不是圣灵的作工，乃是人受撒但的唆使所致的。人若因神的道不合自己的想法而挑起纷争，便是"撒但一会"了。

我曾经到一个地方主持复兴盛会。据说那地方约有40间教会，各教会都有派别纷争。于是牧师上任以后坚持不了多长时间。

这个消息令我深感悲痛。他们争权夺利，勾心斗角，甚至将彼此间的纠纷告到世上法庭，这纯粹是中了撒但的诡计。

在马太福音16章21节，耶稣对门徒们说自己必须上耶路撒冷去，受长老、祭司长、文士许多的苦，并且被杀，第三日复活。

此时，彼得就拉着耶稣，劝祂说："主啊，万不可如此！这事必不临到你身上。"这似乎是彼得出于对恩师的关心和爱心的劝阻，但耶稣出乎意料地对他说："撒但，退我后边去吧！你是绊我脚的，因为你不体贴神的意思，只体贴人的意思。"因为，耶稣受十字架的苦难，救赎人类，是神的旨意。

当然，这不是在称彼得为撒但，乃是指着彼得动用人意而言的。当时彼得说的话不是出于圣灵，乃是出于撒但的作工。

我们若要成为蒙神爱的儿女，就不能背后议论别人，或诽谤他人，挑起纷争，而当在主里面同心合意，说一样的话，敬畏神，爱神，并且爱邻舍如己，能够为对方流泪祷告。

12节说："我的意思就是你们各人说：'我是属保罗的'，'我是属亚波罗的'，'我是属矶法的'，'我是属基督的'。"

教会里面岂能容有派别！难道是主的仆人、长老，或劝事被钉十字架，为我们赎罪吗？惟独耶稣被钉在十字架上为我们舍命，代赎了人类的罪，故凡信主的人都是属耶稣基督的。我们不属于牧师派，也不是属于哪位长老派，我们不能属于任何一个人。

因此，我们不可推诿说："我因谁而被绊倒"；"我因谁而不去教会"。基督徒出席教会是因仰望耶稣基督，而不是人，因此人不应该因人而跌倒。

人轻易发火,是因为心胸狭窄。胸怀开阔的人就能包容所有的人,从不对人发火。因此,不活在真理里面,对他人加以非难、论断,并且恼怒,挑起争端的人,应当降卑己心,省察自己。

我们只要信靠全能的神,顺从祂的旨意,下定决心离弃违背神话语的一切非真理,并付诸行动,就能得到神的帮助,得以迅速离弃非真理,从而得神的喜悦,蒙神的爱。

> "基督是分开的吗?保罗为你们钉了十字架吗?你们是
> 奉保罗的名受了洗吗?我感谢神,除了基利司布并该犹
> 以外,我没有给你们一个人施洗,免得有人说,你们是
> 奉我的名受洗。"(1章13-15)

使徒保罗说:"基督是分开的吗?"甚是痛惜哥林多教会的纷争。并且因只给两人施洗而向神谢恩。因为当时哥林多教会的圣徒们以为因着施洗的人得救。

保罗虽然正确教导真理,他们却误以为使徒保罗给了他们救恩,对此保罗甚感亏欠神。如果给更多的羊群施洗,他们岂不把保罗当作救主来侍奉!保罗对此感到万幸。

主的仆人只是教导耶稣基督是救主的真理,引人归神的媒介,不能赐人生命和救恩。如同哥林多前书3章6节所说:人可以栽种,也可以浇灌,但不能使其成长,惟有神能叫他生长。

我能救你们吗？不能！惟有耶稣基督是全人类的救主。有人曾向我提出这样的疑问："牧师！羊群像信从耶稣一样信从您，这不是错误吗？"

"不是！我们圣徒们没有一人认为我是他们的救主。他们只是信而顺从神同在的仆人。"

其实，受到这种质问，本身已使我深感惭愧和亏欠。我能理解保罗记录哥林多前书的心情。

如今有些人自称神、自称救主、橄榄树，拥有一群崇拜者，实在令人痛心。

如果我说："我是神！你们当跟从我。"我们圣徒当中没有一人会相信此话。因为他们已用真理装备好自己。

爱神同在的主的仆人就是爱教会；爱教会就是爱神。因为爱神，所以爱将自己引入救恩之路的主的仆人。不爱所看见的主的仆人，怎能爱没有看见的神呢？他若说自己爱神，那就是谎言。

焉有儿女不希望自己的亲生父母最可敬、最伟大？不信赖、不爱自己生身父母的儿女，容易走败坏之路；不信赖用真理喂养自己的主仆，便很难为教会献身侍奉，久而久之，甚至会失去对神的爱，远离教会。但若侍奉教会的主的仆人没有可敬之处，这对圣徒们来说是一种不幸。

> "我也给司提反家施过洗；此外给别人施洗没有，我却记不清。"(1章16节)

前面保罗提到除了哥林多教会的基利司布并该犹以外，没有给人施过洗，但在这里说他给司提反家施过洗。他们是使徒保罗在传道旅行途中在亚该亚地方施洗的人们。

哥林多前书16章15-18节说："弟兄们，你们晓得，司提反一家是亚该亚初结的果子，并且他们专以服事圣徒为念。我劝你们顺服这样的人，并一切同工同劳的人。……这样的人，你们务要敬重。"

使徒保罗之所以亲自给司提反施洗，是因为他是一位"专以服侍圣徒为念"的虔诚的人。保罗劝哥林多教会的圣徒们说："这样的人，你们务要敬重。"还嘱咐说：不仅要顺服这样的人，也要顺服一切同工同劳的人。

世人服从地位高的人或自己的上司，但基督徒并不注重社会地位、名誉、权势或财富。因此，我们应当以敬重为主尽忠的人为美德。

我们当借以此道，省察自己有多少敬重、服从为主忠心、大有信心的人；是否反倒对他们背后议论、论断定罪呢？使徒保罗劝我们务要敬重在主里面忠心的人，并教导我们不要隐藏人侍奉神的美德，乃要在主里面夸口，广而传之。

保罗在16节说："我也给司提反家施过洗；此外给别人施洗没有，我却记不清。"他因历经常年累月的传道旅行，对此记忆模糊，所以说了这番话。那么，使徒保罗除了这三人以外没有给人施过洗吗？使徒行传16章33节记载：使徒保罗和西拉被囚之时，禁卒和其全家人通过保罗接待耶稣基督，领受救恩，并接受洗礼的情形。因为这是很久以前的事，所以保罗对此已记忆模糊。

"基督差遣我，原不是为施洗，乃是为传福音，并不用智慧的言语，免得基督的十字架落了空。"（1章17节）

神拣选主的仆人做讲台侍奉，原不是为施洗，乃是为传讲十字架的道理、神的旨意等福音信息，引导羊群进入真理，得到拯救。

人智慧的言语各有特色：有的人知识渊博，口才好，用智言妙语传道；有的人则引用深奥的哲理传福音。可是保罗没有用世上的知识和智慧或口才传福音。

有人说自己因拙嘴笨舌而不能传道。然而，传福音的人即便没有口才，只要他见证神是怎样的一位神、耶稣基督是谁、十字架的道理、复活与再临、天国和地狱等信息，神就与他同在，圣灵与他同工。

尽管随着时间的推移，教育水准不断提高，人们却仍不行善道，不走正路，反而快速被罪所沾染。这就证明智慧的言语，或世上的知识是无法更新人的心性，也无法给人栽植信心。

17节说："并不用智慧的言语，免得基督的十字架落了空。"因为用世上的知识或智慧传福音是违背神的旨意，所以不会有圣灵的作工。

神是灵，因此其言语也是四维层次的言语。如哥林多前书2章

13节所说："将属灵的话解释属灵的事(或作"将属灵的事讲与属灵的人")。"神属灵的言语，人不靠圣灵的帮助是无法理解和领会的。

出埃及记12章8-9节记载吃羊羔的方法："当夜要吃羊羔的肉，用火烤了，与无酵饼和苦菜同吃。不可吃生的，断不可吃水煮的，要带着头、腿、五脏，用火烤了吃。"

正如约翰福音1章29节所说："看哪，神的羔羊，除去(或作"背负")世人罪孽的。""羔羊"是指耶稣基督。约翰福音6章53节说："你们若不吃人子的肉，不喝人子的血，就没有生命在你们里面。"因此，为了得生命，我们必须要吃人子的肉，即主的身体。

那么，我们应该怎样吃羊羔呢？神说："不可吃生的，断不可吃水煮的，要带着头、腿、五脏，用火烤了吃。"意思是叫我们在圣灵的感动中领会圣经66卷书上的神言，并以此为粮。"不可吃生的，断不可吃水煮的"意思是：神的道不可照字面上的意义去理解，或结合哲学等世上的知识学问去解释并传讲。

总之，用智慧的言语是无法改变人的心灵，也无法给人栽植信心。因此我们传福音，务要顺着圣灵的带领。

基督是神的智慧与能力

"因为十字架的道理，在那灭亡的人为愚拙，在我们得救
的人却为神的大能。"（1章18节）

对那些灭亡的人，即不信耶稣基督的人来说，十字架的道理是
愚拙的。

不信的人往往觉得信主的人愚拙，甚至有人说：与其信看不
见的神，宁可信我的拳头。因为十字架的道理，在他们为愚拙，然
而在我们得救的人却为神的大能。

约翰福音11章25-26节记载："耶稣对她说：'复活在我，生命
也在我；信我的人，虽然死了，也必复活。凡活着信我的人必永远
不死。你信这话吗？'"

照此经文所说，接待耶稣基督的神的儿女是永远不死的，肉体
虽然死亡，消为无有，灵魂则必然得救，在天国得享永生。因此，
圣经指生前信神，葬在坟墓里的人为"睡了"，而非"死了"。

使徒行传7章59-60节记载："他们正用石头打的时候，司提反呼吁主说：'求主耶稣接收我的灵魂！'又跪下大声喊着说：'主啊，不要将这罪归于他们！'说了这话，就睡了。扫罗也喜悦他被害。"神之所以指接待主而死的人为"睡了"，是因为他们注定像耶稣第三天从死里复活那样，复活得生。

如此，从死里复活；从灭亡之路转入永生之路，这些事都不是人用头脑所能理解和想象的。是惟独创造主——神才能彰显的大能。

那么，神的大能是什么呢？

约翰福音8章44节说："你们是出于你们的父魔鬼，你们父的私欲，你们偏要行。他从起初是杀人的，不守真理，因他心里没有真理；他说谎是出于自己，因他本来是说谎的，也是说谎之人的父。"此话不是指着我们肉体的父亲说的，乃是说凡不属神的人都是属管辖这幽暗世界的魔鬼之子。

在耶稣为我们罪人背负十字架之前，我们都是属魔鬼的。然而，因着"十字架的道理"，我们才得称神为父。这就是神的大能。

约翰一书3章10节说："从此就显出谁是神的儿女，谁是魔鬼的儿女。凡不行义的就不属神，不爱弟兄的也是如此。"

不爱弟兄的人，就不属神，便是属魔鬼了。其实，我们曾经都是如此的人。有谁真正爱过弟兄？天下岂有真义之人！我们都是因听了十字架的道理，接待了耶稣基督，才得以遵照神的话语生活，爱弟兄，行义路。

原本属魔鬼的我们，如今得以委身于神，这是何等奇妙的大能！从前终日在罪恶中生活的我们，如今因信耶稣基督，领受圣灵的内住，得以脱去不义，活在神的义中，这便是神的大能。

我们不信神、属世界的时候，虽为了戒酒、戒烟，狠下决心，多方努力，却往往是半途而废，前功尽弃。我在信主之前也曾有过这种经历，有一次立志戒烟，便把烟全部丢掉了，然而没过几天，因忍不住烟瘾，就把烟头捡起来抽。

可是，我信主以后，却非常轻松地戒掉了烟酒。当我通过祷告，被圣灵充满时，得以立刻戒掉了成瘾多年的烟酒。如此，我们借着圣灵的帮助，离弃非真理，改变成行善、行义的人，这就是神的大能。

"就如经上所记：'我要灭绝智慧人的智慧，废弃聪明人的聪明。'"（1章19节）

世上有一些人自称有智慧，有聪明；声称自己的学问，或发达的医学、科学文明、文化是至高无上的。然而，在神看来，或在有信仰的人眼里却不是这样。

传道书1章2节说：这世上的一切都是虚空又虚空。因为知识、名誉、权力、财富等所有的一切都是必然朽坏成空的。"按着定命，人人都有一死"，人死了，无法靠他生前所积攒的财富叫神拯救自己，也不能因他的智慧和聪明，得到救恩，进入天国。一个人就算身为一国之君，应有尽有，享尽荣华富贵，若没有信心，就必然落入地狱，其聪明和智慧对他有什么益处呢？

因此，神说："我要灭绝智慧人的智慧，废弃聪明人的聪明。"意思是说：因为人的聪明和智慧都是终究朽坏、分文不值的，所以在神看来是愚拙不堪的。然而，我们在神里面、耶稣基督里面拥有名誉、权势和财富并不是虚空的，乃是有福气的，因为可以用来成就神的国和神的义，归荣耀于神，那一切便都将成为天国的奖赏。

可是没有信心的人则不认识创造自己的神，以自己的知识和智慧为至上，走向灭亡之路，因此在神看来甚是愚拙和虚妄。

以赛亚书29章14节说："所以，我在这百姓中要行奇妙的事，就是奇妙又奇妙的事。他们智慧人的智慧必然消灭；聪明人的聪明必然隐藏。"

此话通过耶稣基督得以应验。马太福音11章25-26节记载："那时，耶稣说：'父啊，天地的主，我感谢你！因为你将这些事向聪明通达人就藏起来，向婴孩就显出来。父啊，是的，因为你的美意本是如此。'"

自以为聪明通达的人，不认识耶稣基督，便得不到救恩；如小孩子般谦卑的人，则因信耶稣基督而得到救恩。因此，自以为有智慧、聪明的人是最为愚拙的人，他们的智慧必然消灭；聪明必然隐藏。

因此，"我要灭绝智慧人的智慧，废弃聪明人的聪明。"是讲在世上自以为有智慧、聪明的人不接待耶稣基督，所以其聪明和智慧被神废弃，他们是最为愚拙的人。那些自以为认识神，有智慧、聪明的律法师和文士们，当弥赛亚出现在他们眼前时，也未能认出，反而把弥赛亚钉死在十字架上，自取灭亡，他们的聪明何在？智慧何在？

既然这样，我们是否要撇弃知识和智慧呢？这并不是说大家所学的知识或智慧不好，而是叫大家把智慧和知识为神而使用。人日光之下的劳碌，都是虚空又虚空，因此，首先要有认识神的智慧和知识。

"智慧人在哪里？文士在哪里？这世上的辩士在哪里？神岂不是叫这世上的智慧变成愚拙吗？"（1章20节）

敬畏神是智慧和知识的开端（箴言1章7节；9章10节）。神衡量人知识和智慧有无的标准是敬畏神与否。若知识和智慧不是从上头来的，而是从管辖幽暗世界的恶者来的，这对人有什么益处呢？

只有从神领受属天的智慧和知识，才能得着真生命，神就是在强调这一点。我们若因领受从世界来的智慧和知识，反倒走向灭亡之路，这是多么愚拙的事！因此，惟独使人敬畏神的真理的神言，才是惟一的判断标准，然而，愚拙的人却藐视并排斥神的话语。

20节说："智慧人在哪里？文士在哪里？这世上的辩士在哪里？神岂不是叫这世上的智慧变成愚拙吗？"

领悟真理之道，并以此为粮的人才是真正的文士。即使有一嘴好的口才，若其话语没有生命，便是徒然无用。只有用神的道装备自己的人，才能成为真正的辩士。神在对那些走向灭亡的人们质问：

"你们人类啊！你们的知识和聪明在哪里？这世上的文士在哪里？辩士在哪里？你们因充满世上的知识和智慧，就夸耀自己有多聪明，但这些不仅不能救你们，也无法使你们经历神的大能，岂不是神叫这世上的智慧变成愚拙吗？"

"世人凭自己的智慧，既不认识神，神就乐意用人所当作愚拙的道理拯救那些信的人，这就是神的智慧了。"（1章21节）

意思是说：人自以为有智慧，但是靠着那智慧无法认识神，神便用祂福音的道理来拯救许多人。神的智慧是无穷无尽的。然而，人从世上所领受的智慧和知识反倒拦阻人相信创造主——神的大能，因而在神看来是愚拙的。于是，神就乐意用人所当作愚拙的道理拯救那些信的人。

约翰福音20章29节说："那没有看见就信的有福了。"人信神，一般都是因着别人的传道。"信就是所望之事的实底，是未见之事的确据"，因此信能使无变有。心地善良的人，听了传道者的话，就承认并相信神的存在。

神乐意将信心作为救人的条件，因为，只有这样才能得到真正爱神的儿女们。

骄傲的人自以为有智慧，便硬着颈项，藐视真理，神便寻找那些用善心和孩子般纯朴的心灵接受福音的人们，乐意用人所当作愚拙的道理施行拯救。

"犹太人是要神迹,希腊人是求智慧;" (1章22节)

这里所谓的"犹太人"有两种意义。

第一,是指以色列百姓中自称认识神的假冒为善的人。就是声称认识神,却求神迹的人。耶稣时代的犹太人,尽管救主出现在他们眼前,也未能认出来。因为他们求神迹。他们所期待的弥赛亚是以华贵、荣耀的样式出现,能将他们从罗马的压制中解放,叱咤风云,治理通国的人物。

然而,在他们看来,实际的弥赛亚——降世为人,宣传福音的耶稣,实在寒碜。祂生在马棚,出身贫寒,穿着不华丽,就连枕头的地方都没有,宿在旷野、山上,菲食薄衣,是一个不起眼的人物。他们是求神迹的假冒为善的人,只顾眼前利益,便无法认出显在眼前的弥赛亚。

耶稣生在马棚,这里也包含着属灵的意义。传道书3章18-19节说:"我心里说:这乃为世人的缘故,是神要试验他们,使他们觉得自己不过象兽一样。因为世人遭遇的,兽也遭遇,所遭遇的都是一样;这个怎样死,那个也怎样死,气息都是一样。人不能强于兽,都是虚空。"耶稣出生在马棚,是为了代赎如兽一般的人类的罪,使人类恢复神的形像。

然而,求神迹的假冒为善的人们,不明白如此深奥的神的旨意。他们看不见属灵的事物,随着肉体的情欲、眼目的情欲、今生的骄傲,照自己的固定观念去寻求弥赛亚,从而当弥赛亚出现在他们眼前的时候，也未能迎接他。

第二，"犹太人"从灵意上讲是指所有信神的人。不过，在此所责备的犹太人，不是这种意义上的犹太人，乃是假冒为善的犹太人。

"犹太人是要神迹"，然而约翰福音20章29节记载："耶稣对他说：'你因看见了我才信；那没有看见就信的有福了。'"意思是说：单单听道也能信神和耶稣基督以及天国的人是有福的人。

那么，口称"亲眼看见，我才信的人"，看见神的大能果真能信吗？他们即使看见神迹奇事，显明永生神的见证，也不会相信。看见的当时或许会信，但时间一久就会舍弃自己的信仰。然而，没有看见就信的人，会经久不摇动，所以是真正有福的人。

"犹太人是要神迹，希腊人是求智慧"。那么，希腊人为什么求智慧？古希腊的哲学和文化非常发达，希腊民族拥有丰富的智慧。希腊人为了发展知识和文化，营造更加幸福的生活，做了深入的探索和研究。

因为，希腊是一个有着丰富的智慧和知识的国家，所以，神论智慧时，就拿希腊人作比喻。因此，"希腊人求智慧"的意思是：有知识和智慧的人，会继续追求智慧和学问。

"我们却是传钉十字架的基督。在犹太人为绊脚石，在外邦人为愚拙，"（1章23节）

神的真儿女，既不是"犹太人"，也不是"希腊人"，而是耶稣基督的见证人。他们所传讲的既不是生财之道，也不是享有名声、权利的法子，乃是救恩的法则、耶稣基督的十字架。

但这对假冒为善的犹太人来说却是绊脚石，因为他们想象中的弥赛亚不是被钉于十字架的基督。

如今也有这类人，他们一听有人见证耶稣基督就反感地说："叫我亲眼看见，亲手摸到，我就信。"那些心地刚硬，求神迹，口称非见不信的人都是积恶成习的人，因此，叫他们悔改自己的罪，信耶稣基督，他们便从心里抵挡。

不过，他们在心的另一面却无法完全否认神的存在，因为他们被罪恶所遮掩的内心深处藏有属善的良心，所以听到天国和地狱的信息就产生畏惧，此时理当悔改并寻求神，但他们却不肯听，反倒以反驳的方式抵消恐惧感。

23节还说"传钉十字架的耶稣基督，……在外邦人为愚拙，"。这里"外邦人"是包括犹太人、希腊人，不信之人的统称。在不信神的人看来，基督被钉十字架，是愚拙之举。

如果有人传福音，说："神是活神。到教会接受祷告绝症得到了医治。"他们就会说："怎能会有此等事？那肯定是一种巧合。"将传道者当作糊涂、愚拙的人。因为靠他们的智慧和知识是无法理解属灵的事。

人靠世上的智慧或知识无法相信神使无变有的创造之大能。但神分明做出了使无变有的创造。神说"要有光。"就有了光。祂用话语创造了穹苍、日月星辰等天下万物（创世记1章3-31节），并且照着"在信的人，凡事都能"的应许，照着我们的信心，成全我们所求的一切。

在我所服侍的教会，圣徒们凭信心接受祷告后，不治之症、疑难病症得到医治。这样的见证不胜枚举，圣徒们时常体验神医治的大能。

对此，自以为有智慧的人还会说："那是人靠病能治好的确信所产生的精神力量得到医治的。"可是两三岁的孩子接受祷告后得到医治的见证也很多，难道这些还没有悟性的孩子们，是靠精神作用得到医治的吗？如此，靠人的知识和智慧是无法遇见神，也无法走进永生之路。

不信的人逼迫殷勤上教会、热衷于信仰的人，说："到教会能得吃的吗？"当然，到教会能得吃的，那就是灵粮——神的道。神的道是活泼的，是有功效的，能叫人得永生，是不朽的生命之粮。

世上的人之所以提出这种质问，是因为他们只追求眼见为实的属肉之物。然而，神的儿女们因为明白真理，所以能够大胆地作主的见证。

"但在那蒙召的，无论是犹太人、希腊人，基督总为神的能力，神的智慧。"（1章24节）

无论是犹太人、希腊人，对相信耶稣基督为救主的所有神的儿女来说基督就是神的能力。

假冒为善的犹太人当中也有回心转意，正确信仰耶稣基督，蒙恩得救的人；寻求知识的希腊人当中也多有寻求神，并遇见神的人。并非人有知识就会否认神，反而因着知识而寻求神、遇见神的大有人在。

我们从前不曾认识复活或永生，以为在地上吃喝玩乐，死了便一了百了。但自从委身于耶稣基督之后，我们便得以相信能叫死人复活之神的大能，以及天国和地狱存在的事实。

我们因着接待耶稣基督，死灵得以重生，进入永生之路。正如耶稣说祂自己就是道路、真理、生命，基督是我们生命的根源，通往天国的道路，也是神的大能。

经上还说，基督是神的智慧。神借着基督拯救了我们，又造就我们成完全，赐永恒的生命，神的智慧就在此显明。

这世界上有谁能拯救我们脱离死亡，改变我们的人生？谁能使人邪恶的本性，变为良善？除了神的能力以外，无人能做到。因此说："无论是犹太人、希腊人，基督总为神的能力，神的智慧。"

"因神的愚拙总比人智慧，神的软弱总比人强壮。"（1章25节）

所谓"神的愚拙"，并非指神有愚拙之处，乃是在不信的人眼里神是愚拙的。

耶稣教导人说："有人打你的右脸，连左脸也转过来由他打。"世人的想法则与之相反——无辜被人打了脸，就应当还击，以牙还牙，不然，就觉得自己怯懦。主说："有人想要告你，要拿你的里衣，连外衣也由他拿去。"世人就想："难道叫我过衣不遮体的生活吗？"

总之，用世上的价值观来衡量神的话语，神的话语总会显得愚拙。然而，这些话语才是给人类带来真爱与和平的得胜之道。我们若照神的话语而行，必能爱仇敌，进而能使仇敌受感动（撒母耳记上24章16-21节），从而成为爱与和平的使者，凡事得胜。

还说："神的软弱总比人强壮"。神岂有软弱吗？在信的人眼里神毫无软弱之处。不过在不信的人看来神是软弱的。

基督徒的退让、忍耐、为和平而回避，按世上的价值观去衡量，便看似怯懦。世人绞尽脑汁争权夺利，损人利己，显耀自己，神的道则与之相反。

耶稣也很"软弱"，祂不争竞、不喧嚷，反倒回避、忍让、待人温柔，这在世人眼里却为软弱。马太福音12章19-20节对耶稣的品性做了详细的描述：

"祂不争竞，不喧嚷，街上也没有人听见祂的声音。压伤的芦苇，祂不折断；将残的灯火，祂不吹灭。等祂施行公理，叫公理得胜。"

耶稣因为自己软弱，才得以败坏死权，复活得胜，成全了神的旨意。因此说，软弱便是刚强。

当指着主夸口

"弟兄们哪,可见你们蒙召的,按着肉体有智慧的不多,有能力的不多,有尊贵的也不多。"(1章26节)

从中我们可以得知神是怎样呼召了我们。

"按着肉体"是指不信神的人。不信神的人喜欢指着自己的名誉、财富、智慧、学问、学历、身世、口才等夸口。但在神看来这些都是愚拙的。

不认识神,走灭亡之路,却指着自己的学问、智慧、身世、财富夸口,这对人有何益处呢?这些都不过是注定腐朽的,其结局就是灭亡。因此在神看来这些都是愚拙的。

"神却拣选了世上愚拙的,叫有智慧的羞愧;又拣选了世上软弱的,叫那强壮的羞愧。神也拣选了世上卑贱的,被人厌恶的,以及那无有的,为要废掉那有的,使一切有血

气的，在神面前一个也不能自夸。"（1章27-29节）

这里所谓"有智慧的"是指自称有智慧的人，而他们的智慧在神看来不是智慧。前面提到：敬畏神是智慧的开端（箴言1章7节；9章10节）。神说祂拣选世上愚拙的，叫有智慧的羞愧。

接待耶稣基督作救主的神的儿女们，因信得救，将来在天国得享永生福乐。然而，那些不认识神，且自以为有智慧，心里高傲，不寻求神的人，注定落入地狱，抱愧蒙羞。

路加福音16章记载财主和乞丐拉撒路的比喻："有一个财主，穿着紫色袍和细麻布衣服，天天奢华宴乐。又有一个讨饭的，名叫拉撒路，浑身生疮，被人放在财主门口，要得财主桌子上掉下来的零碎充饥，并且狗来舔他的疮。后来那讨饭的死了，被天使带去放在亚伯拉罕的怀里。财主也死了，并且埋葬了。他在阴间受痛苦，举目远远地望见亚伯拉罕，又望见拉撒路在他怀里，就喊着说：'我祖亚伯拉罕哪，可怜我吧！打发拉撒路来，用指头尖蘸点水，凉凉我的舌头，因为我在这火焰里，极其痛苦。'"

因着迷恋世界，奢华宴乐，而未能爱神的财主，死后落到了下阴间，永世受苦。拉撒路虽然终身衣不遮体，饥寒交迫，以讨饭为生，却因敬畏神而得到救恩，死后进入了亚伯拉罕的怀里。财主生前自以为有智慧，死后却发现看似愚拙的乞丐，得享着真正的幸福，自己却要在无尽的岁月中经受火焰的煎熬，这是多么羞愧的事！蒙神拣选作神儿女的我们应当万分感谢神。

27节说："神却拣选了世上愚拙的，叫有智慧的羞愧；又拣选了世上软弱的，叫那强壮的羞愧。"大家若能蒙神拣选和呼召，是何等大的福气呢！大家得神的认定，被立为执事、劝事、长老，是何等荣耀的事呢？这比得到总统的认可和器重更为荣光。

那么，神为何不拣选智慧人，乃要拣选愚拙的人呢？耶稣说："我实在告诉你们：你们若不回转，变成小孩子的样式，断不得进天国。"（马太福音18章3节）

"小孩子"从灵意上讲是指纯朴、谦卑的人。这类人听了真理，就会像小孩子般单纯地以"阿们！"领受，并顺其而行，便能在真理里面得以更新和变化，以至进入天国。

然而，那些在世上自以为有智慧的人，会怎样看待他们呢？就会看为愚蠢笨拙。因此，神拣选那些纯朴、心地善良、虚心的人，作祂合用的器皿。

其次说："拣选了世上软弱的，叫那强壮的羞愧。"耶稣虽身为神子，却极其"软弱"——有人打右脸，他就把左脸也转过来由他打，压伤的芦苇他不折断。

耶稣因着"软弱"最终被钉十字架而死，而祂又因着"软弱"而复活得胜，升上天，成为万王之王，万主之主。与之相反，那些因强壮而逼迫耶稣的人们却走向灭亡之路，神就是这样拣选软弱的，叫那强壮的羞愧。

28节说："神也拣选了世上卑贱的，被人厌恶的，以及那无有的，为要废掉那有的，"耶稣的门徒彼得也是渔夫出身。当时，渔夫是一种被人视为卑贱的职业。神就拣选这样无有的人，废掉那些富有的人，使他们羞愧。

"他们见彼得、约翰的胆量，又看出他们原是没有学问的小民，就希奇，认明他们是跟过耶稣的。又看见那治好了的人和他们一同站着，就无话可驳。"（使徒行传4章13-14节）

人们看到原来卑贱、无学问、愚笨的小民，自从接待耶稣基督，领受圣灵之后，发生了巨大的变化，就甚觉稀奇。使徒行传2章43-44节说："众人都惧怕。使徒又行了许多奇事神迹。信的人都在一处，凡物公用。"

耶稣的门徒们大部分都曾是在世上受蔑视凌辱的渔夫或弱者。耶稣拣选他们作门徒，世上的人们却惧怕他们。世人虽表面上否认耶稣的门徒们所彰显的神迹和奇事，但他们心里所残留的良心，使他们看到门徒们所做的超乎寻常的事，就感到惧怕。

29节说：（神拣选愚拙的、软弱的、卑贱的、受人厌恶的）"使一切有血气的，在神面前一个也不能自夸。"如果神拣选世上有智慧的、富裕的、身世好的，他们能敬畏神吗？

他们大多数都会将自己事业的成功，归功于自己的聪明、能干，而不会认为那是出于神的祝福。如果这类人做牧养工作，大多数都会把牧养工作的成果归功于自己丰富的智慧、经验、学问和卓越的才华，而不会把荣耀归于神。

于是神为了不叫人高举自己，夸耀自己，便拣选那些愚拙的、软弱的、卑贱的、受人蔑视的，作祂合用的器皿。我们既已认识真理，就当凡事依靠神，凡事认定神的引导，并且无论大事小事都要承认没有主的帮助将一事无成。

> "但你们得在基督耶稣里是本乎神，神又使祂成为我们的智慧、公义、圣洁、救赎。"（1章30节）

人类以及天下万物均都本乎神。神立亚当为万物的灵长，但后来亚当因着犯罪，受了咒诅之后，亚当所治理的所有万物也一同受了咒诅，被交付于魔鬼的手中。

因此，路加福音4章5-6节记载："魔鬼又领祂上了高山，霎时间把天下的万国都指给祂看，对祂说：'这一切权柄、荣华我都要给你，因为这原是交付我的，我愿意给谁就给谁。'"

受了咒诅的这世界，不再像神创造的原始的世界那样"神看着是好的"。神为了拯救受咒诅的人类，脱离仇敌魔鬼之手，便将自己的独生爱子耶稣差遣到这个世界。

无罪的耶稣，代替全人类的罪，被钉死在十字架上，叫一切信祂的人，得永生，领受作神儿女的权柄。因着这般长阔高深的慈爱，我们得以从魔鬼的儿女，转成神的儿女。因此说我们"得在基督耶稣里是本乎神"。

"神又使祂成为我们的智慧、公义、圣洁、救赎。"此话怎么讲？

智慧乃是敬畏神；神的智慧乃是体现在拯救我们脱离死亡，

使我们脱去罪恶，活在真理里面，进入永恒的国度。

耶稣基督本乎神，祂赐我们智慧、公义、圣洁和救赎。这里所谓"公义"就是"善"，而"善"就是神的道。我们委身于主耶稣，就会遵照神的话语，行善，行公义。

公义所结的果子就是圣洁。我们若将神的道存在心里，自然会表现在行为上。因此，约翰一书3章18节说："小子们哪，我们相爱，不要只在言语和舌头上，总要在行为和诚实上。"

我们是在道路、真理、生命的耶稣基督里面合而为一，走永生之路。

"如经上所记：'夸口的，当指着主夸口。'"（1章31节）

那么，神为什么拣选那些世上愚拙的、软弱的、卑贱的、受人厌恶的来成就祂的旨意呢？是要叫夸口的指着主夸口。

我们人有什么可夸口的呢？不信神的世人倒可夸的事很多，诸如名誉、权力、知识、智慧等等。

传道书1章2-3节记载："传道者说：虚空的虚空，虚空的虚空，凡事都是虚空。人一切的劳碌，就是他在日光之下的劳碌，有什么益处呢？"因此，人在主外，就无可夸之处。人即使拥有极贵的宝物，也不过是注定腐朽、消亡的，其结局是落入永世受苦的地狱，便是虚空又虚空。

我们既然明白了这些道理，就当指着主夸口。凡在主里面做的事，都不会徒劳无功。如果我们无论学习，还是工作，或吃，或喝，无论做什么，都能为荣耀神而行，便是真正有福气的人。这样，我们既能得神的喜悦，又能得天国的赏赐，所以这才是我们真正有价值、永不衰残的珍宝。

第二章

神的智慧

惟用圣灵的大能和明证

十字架的道理是神的智慧

圣灵叫人知道神恩

将属灵的话解释属灵的事

惟用圣灵的大能和明证

"弟兄们，从前我到你们那里去，并没有用高言大智对你们宣传神的奥秘。因为我曾定了主意，在你们中间不知道别的，只知道耶稣基督并祂钉十字架。"(2章1-2节)

使徒保罗虽是一个学识渊博的人，但传道时却没有动用自己的学问和知识，也没有利用口才或智慧。因为这是神的旨意。

靠人的言语和智慧是无法拯救灵魂的。因此，在选择信仰书籍时要留意这点：如果你以为著名神学博士写的书应该对自己有益，那就是错误的想法。如果作者是一个多多祷告，灵里与神深交的人，他的书一定会对我们有益。一个不祷告、不禁食，也不与神交通的人，即使他拥有博士学位，用其丰富的知识和智慧撰写了信仰书籍，这本书也不会对信徒的生命带来任何益处。这样的事例屡见不鲜。

那么，使徒保罗见证的是什么呢？使徒保罗惟独见证了耶稣基督并衪钉十字架的事。这就是典范的主仆形像。主仆当要见证的是：耶稣基督是谁、衪为何降世为人，被钉十字架，衪怎样代赎了我们的罪，以及衪的复活与再临，好使神的儿女们带着天国的盼望，虔诚度日。

因此，使徒保罗说自己定了主意，除了这些就不肯知道别的。自从遇见主以后，他领悟到自己的知识对拯救灵魂的圣工毫无益处，反倒成为阻拦的事实。

随着知识的提高，科学的发达，人们越发变得高傲，说世界上没有神，因为世上的学问不是寻求神。因此，使徒保罗说他定意不知道别的，只知道耶稣基督和十字架的救恩。

身为主的仆人，或立志做神义工的人，不要寻求人用知识和智慧写的书，而要通读神的话语。而且要恒切祷告，与神进行属灵的交通，专心寻求神的能力。这是我们拯救灵魂，扩张神国度的惟一的路径。

以弗所书5章16节说："要爱惜光阴，因为现今的世代邪恶。"我们要在这邪恶的世代，与神交通，拯救许多失丧灵魂；见证全能的真神，引导众灵魂离开灭亡之路，建立信心。但要记住这些圣工不是靠世上的知识所能成就的。

"我在你们那里，又软弱，又惧怕，又甚战兢。"（2章3节）

使徒保罗在遇见主之前是一个不知惧怕的人。他率先逼迫基督徒，执意要除灭他们。然而，他说自己自从信主以后，却在信徒面前变得"又软弱，又惧怕，又甚战兢"。

这是什么意思呢？神的义工若真正认识神，信神，理当要在神面前和圣徒面前软弱，因为惟独神是强壮的，若没有神的同在，他们便毫无用处，一事无成。

有一些人自称博学，能言善道，可是神的圣工，不是靠着这些所能成就的。假如有一个知识渊博，口才好，能使听众着迷的雄辩家，有一天当上了神的仆人，在讲台上讲道，那么他能凭自己的口才，使听众心意更新而变化，活在真理里面吗？绝不可能！

他的演讲或许能暂时使人感动，博得赞赏，但没有能力使人除去罪恶，恶心变为善心，活在真理里面。人凭着好口才是不能给人栽植信心，使人遇见神，给人带来人生的转变，因此是毫无益处的。

若没有神的帮助，我们便一事无成。我们若知道这一事实，就不得不在神面前谦卑、软弱。

耶稣也因为软弱，所以当恶人要害死祂的时候，也没有对抗，只是悄然回避。使徒保罗也在神面前显出软弱和惧怕，因为他深知若没有神的同在，自己将一无所能。

使徒保罗因为战兢恐惧，便不住地祷告，极力与神进行属灵的交通，哪怕是片刻也没有仰望世界，而时常警醒，谨慎自守。我们也应当以软弱、战兢、恐惧的姿态，忠于神托付于我们的使命。

"我说的话，讲的道，不是用智慧委婉的言语，乃是用圣灵和大能的明证，叫你们的信不在乎人的智慧，只在乎神的大能。"（2章4-5节）

我们只有离弃世上的知识和智慧，专心依靠和仰望神，才能经历到圣灵的同工，能够将我们的口以及心思意念完全交给主使用。我们只要凡事用祷告向神交托，不动用自己的想法，就能听到由心而出的圣灵的声音，然而动用自己的想法，则听不到。

有人说自己虽时常祷告，却听不到圣灵的声音。其实不然，只是听了圣灵的声音却未能分辨而已。大家在做某种事情时，若没等浮现神的话语，就照着自己的意念做出抉择，便听不到圣灵的声音。但若依靠神真理的话语做出抉择，并付诸行动，便是听到圣灵的声音。

神的话语不是来自意念。尚未领受圣灵之能力的人，尽管圣经读了很多遍，在遇到什么问题或与人交通时也不会浮现神的话语。大家可能也体验过一两次，圣经读的很多，但在探访的时候却一句神言都不浮现。

然而，听圣灵的声音的人，圣灵在他探访的时候将对接受探访家庭必要的话语赐给他。经常祷告，用神的道装备自己的人，就能凡事听到圣灵的声音，从而能够照神的旨意而行，不陷入撒但的诡计，常常过得胜的生活。

我们的信心不是产生于智慧。人不能因着智慧丰富，使自己的信心增长，也不能因此而认识神，反倒智慧多疑惑也多。使徒保罗因明知这些道理，所以从来不动用"智慧委婉的言语"和世上的知识，而单单靠着圣灵的充满，传扬耶稣基督和十字架。他因为深知靠世上的知识是无法作神的见证，便将自己所有的知识归为无有，恒心祷告，凭借圣灵的作工和神的大能，开展圣工。因此，神借着保罗行了"非常的奇事"，甚至人们拿使徒保罗身上的手巾或围裙放在病人身上，病就退了，恶鬼也出去了。

传道者只有在神的能力里面宣讲神道时，才能使悔改的恩典临到众人，并使众人改变。在证道的同时，彰显神的大能，惟独这样才能攻破人的意念和知识，使人承认永活的真神，产生信心，悔改认罪，活在真理里面。因此，传福音的人必须要通过祷告，借助神能力的彰显，见证永活的真神，而不要依靠自己的口才或智慧。

但这不是说世上的知识没用、上学是徒劳的，而是说在拯救灵魂的事上不能依靠世上的知识。我们在学校，或在公司学习新的知识时，应当认真学习，归荣耀于神。

我们或吃，或喝，无论作什么，都要为荣耀神而行，在学习上也当如此。但要记住，在拯救灵魂的事上，靠自己所学的知识是无法给人栽植信心的。

十字架的道理是神的智慧

"然而，在完全的人中，我们也讲智慧。但不是这世上的智慧，也不是这世上有权有位将要败亡之人的智慧。"（2章6节）

至此，保罗阐述了这世上智慧的虚妄和无用。他说自己已经丢弃了这些智慧。现在他开始讲述真正的智慧。这里"完全的人"是指信仰根基牢固、信心充足的人，即站立在信心的磐石之上的圣徒、能吃饭的圣徒。

我们就此更具体地查考智慧。雅各书3章17节说："惟独从上头来的智慧，先是清洁，后是和平，温良柔顺，满有怜悯，多结善果，没有偏见，没有假冒。"

这个智慧是从天而来的智慧。我们若将违背神话语的一切离弃净尽，全然遵行神的话语，就能得到完全的智慧。我们只要遵照神的话语生活，就能成为清洁、和平、温良柔顺、满有怜悯，多结善果，没有偏见和假冒的人。神按照我们成就这些话语的程度，从上头赐下相应的智慧。如果我们进入完全的信心境界，就能得到无穷无尽的属天的智慧。

达到这种信心境界的人不会说自己因文化层次低而不能传道。因为他们传道不是依靠自己的知识，乃是依靠从上头来的智慧，正如马太福音10章19-20节所说，住在他们心里的圣灵常赐给他们当说的话。他们因为时常领受属天的智慧，所以信心自然日渐增长。

总之，我们若要领受从上头来的智慧，必须离弃世上的智慧和知识。那么，我们应该具体离弃什么呢？难道一加一等于二，这样的知识也要丢弃吗？不是！

我们应该离弃的是一切违背神话语的知识，诸如：檀君神话（关于檀君和开国的韩国神话）、猿猴进化成人类等等。我们认识真理，便知道诸如此类的知识是多么的荒诞无稽。我们只有离弃这些存在里面的错谬知识，才能相信神创造天地万物的真理。

6节说："……也不是这世上有权有位将要败亡之人的智慧。"这里的"有权有位者"是指官员。当时的法利赛人、文士、祭司长等领导阶层就是属于此类。现今在领导的位置上教导人的，也是如此。广义上讲，凡教导人的都属于有权有位者。因此，老师或者书籍也可算是有权有位者。在不懂真理的时候，我们借着他们领受了知识，且将那些知识当作自己的智慧。我们既然明白了真理，就应当将这些违背真理的知识离弃净尽。

例如：有病了应当到医院采取适当的措施，这是人们所学的知识和智慧。然而，相信全知全能神的神的儿女们，只要向神祷告，就能病得痊愈。神的医治，不留下任何后遗症，医院的疗效无法与之相比。

然而，世上有权有位的人不相信这一事实，反倒觉得愚拙，这就是有权有位者的智慧。照他们的智慧，真理是难以置信的。

> "我们讲的，乃是从前所隐藏、神奥秘的智慧，就是神在
> 万世以前预定使我们得荣耀的。"（2章7节）

神为了获得真儿女，创造了天地万物，在万世之前早已预定耕作人类所需的一切事。神预知亚当何时悖逆神的命令，受到咒诅，走向灭亡之路。于是隐藏祂透过耶稣基督拯救人类的救赎计划。因此，耶稣基督就是神在万世之前所隐藏的奥秘。

当神隐藏的奥秘——耶稣出现在人们眼前的时候，那些有权有位的人们因靠自己的智慧无法明白这个奥秘，便将耶稣钉在十字架上。给人带来世上的智慧和知识的仇敌魔鬼因不晓得神的智慧，就以为只要除掉以救主的身份来到这世界的耶稣，自己便能永远作王，永远在空中掌权。于是自从耶稣出生以后，就用浑身解数企图除灭耶稣，最终利用有权有位的人们，将耶稣钉在十字架上，魔鬼以为自己大功告成，便唱了胜利的凯歌。然而，谁知这就是神的智慧。

神的智慧

"罪的工价乃是死"，这是灵界的法则，亚当在摘吃善恶果之前，没有死亡，可是亚当犯了不顺从的罪以后，死亡就临到了亚当和其后裔——全人类。对于犯罪的人，死亡是必然的结果。然而，仇敌魔鬼却把既没有原罪，也没有自犯罪的耶稣置于死地，便触犯了灵界的法则。

仇敌魔鬼因违背灵界的法则而付出了代价——只好将亚当因着犯罪曾交付于自己的治理天下万国的权柄与荣耀如数归还给我们人类。从此，凡信耶稣基督的人，都能得到救恩，归入神的怀抱。这就是神万世之前所隐藏的十字架的道理。这是多么奇妙的神的智慧啊！

我们应当把来自魔鬼的智慧，从世上有权有位的人所领受的世上的知识和智慧一概脱去，领受神从上头赐下的智慧。我们有了这一智慧，就能在这地上得享无限的荣耀。

一切荣耀只有神所配得，但为何说我们会得荣耀呢？当我们或吃，或喝，无论做什么，都为荣耀父神而行时，乐于施与人的神，就将所预备的祝福连摇带按，上尖下流地倒在我们怀中，以作回报，并且在天上也为我们积攒奖赏。因此，我们将荣耀归给神，就是得益于自己。神拯救我们进入天国，使我们从死亡转入永生，这不也是为我们得荣耀吗？

耶稣时常将荣耀归给了父神，但祂在约翰福音17章10节说："我因他们得了荣耀。"耶稣因将荣耀归给神，便得到了极大的荣耀——得到了坐神宝座右边的赏赐，并得了治理万国的权柄。

"这智慧，世上有权有位的人没有一个知道的；他们若知道，就不把荣耀的主钉在十字架上了。如经上所记：'神为爱祂的人所预备的，是眼睛未曾看见，耳朵未曾听见，人心也未曾想到的。'"（2章8-9节）

那么，有权有位的人当中就没有信神的人吗？有很多。但这里说"这智慧，世上有权有位的人没有一个知道的"，是意味着人若用世上的智慧去教导人，并以世上的智慧为准，就无法认识耶稣。若他们知道神的智慧，便不会把耶稣钉在十字架上。

教导者之所以得不到属天的智慧，是因为他们不肯丢弃这世上的智慧。正因为如此，他们未能认出万世之前所隐藏的奥秘——耶稣基督，反倒将祂钉死在十字架上。

9节说："如经上所记：'神为爱祂的人所预备的，是眼睛未曾看见，耳朵未曾听见，人心也未曾想到的。'"

拿违背神话语的世上的知识教导人，且不遵行神话语的人们，有眼也看不见，也悟不到。他们因为有耳也听不到圣灵的声音，所以逼迫传讲真理之道的耶稣，最终把祂钉在十字架上。

那么，他们为什么看不到、听不到、想不到呢？正是因为他们拥有违背真理的世上的知识，成为属灵的瞎子。因此，保罗劝我们迅速离弃一切违背真理的世上的智慧和知识，领受从神而来的智慧，得享蒙福的人生。

圣灵叫人知道神恩

"只有神藉着圣灵向我们显明了，因为圣灵参透万事，就是神深奥的事也参透了。"(2章10节)

人靠世上的知识和智慧不可能遇见神，认识神。然而，打开心门，接待耶稣基督，领受所赐的圣灵，就能认识神，遇见神。圣灵就是神的灵，即神的心。那么，圣灵怎样叫人认识神，遇见神呢？

圣灵教导我们认识神是创造主，是我们的父。且叫我们认识世上有权有位的人未曾知道的万世之前所隐藏奥秘的智慧。祂又教导我们认识耶稣基督，以及天国和地狱，并且帮助我们建立信心。圣灵是圣洁神的心，连神深奥的事也能参透。

圣灵来到我们心里，使死灵重生，将我们引入真理，又使我们认耶稣为主，见证我们是属神的人。

除此之外，正如约翰福音14章26节所说，保惠师圣灵还将一切的事指教我们，叫我们想起祂对我们所说的一切话，并且帮助我们的软弱，使我们照着神的旨意祈求。

圣灵参透神的心，愿凡事都照着神的旨意成就。因此，祂引导神的儿女们照着神的旨意祈求。不仅如此，祂还帮助人结圣灵的果子——仁爱、喜乐、和平、忍耐、恩慈、良善、信实、温柔、节制（加拉太书5章22-23节），引导人成为全然遵行神旨意的属灵人。

"除了在人里头的灵，谁知道人的事？像这样，除了神的灵，也没有人知道神的事。"（2章11节）

使徒保罗为了解释圣灵，就拿人的灵作了比喻。除了人里面的灵，无人知道人的事。同样，圣灵参透神的心，连神深奥的事也参透。如此的圣灵临到我们心里，我们便能得知神的事，自然领受神的智慧，明白神深奥的旨意。

在此值得关注的问题是：为什么说知道人的事的不是人里头的心，也不是人里头的良心，而是"人里头的灵"呢？这里包含着深层的灵意。

我们若接待耶稣基督，领受所赐的圣灵，过圣洁的生活，成为名副其实的神的儿女，我们的心便是"灵"了。但要知道人的心和灵是有分别的。

我们查考创世记的记载：神创造起初的人亚当之后，吩咐他说："园中各样树上的果子，你可以随意吃，只是分别善恶树上的果子，你不可吃，因为你吃的日子必定死。" 神还说："那人独居不好，我要为他造一个配偶帮助他。" 就用亚当身上所取的肋骨，造成一个女人，使他们成为一体。

神又赐福于亚当，并且对他说："要生养众多，遍满地面，治理这地；也要管理海里的鱼、空中的鸟，和地上各样行动的活物。"于是亚当和夏娃享受着治理万物的权柄，生活在伊甸园。

可是有一天，撒但透过比田野一切的活物更狡猾的蛇来引诱夏娃，说："神岂是真说不许你们吃园中所有树上的果子吗？"夏娃回答说："园中树上的果子，我们可以吃，惟有园当中那棵树上的果子，神曾说：'你们不可吃，也不可摸，免得你们死。'"神明明说过"吃的日子必定死"，可夏娃却含糊其辞地说："免得你们死"。

见状，仇敌魔鬼就更加积极地进行引诱："你们不一定死，因为神知道，你们吃的日子眼睛就明亮了，你们便如神能知道善恶。"

起初的人亚当终于接过夏娃的传递吃了善恶果，结果照着神说"你吃的日子必定死"，人的灵死了，从此便无法与神交通。不过，就像约翰福音3章6节所说："从肉身生的，就是肉身；从灵生的，就是灵。"我们接待耶稣基督，圣灵就进到我们里面，生出灵来。

圣灵临到我们心里，叫我们明白何为罪、义和审判。我们借助圣灵的点醒，明白神的话语，灵得以重生并成长，渐渐变成属灵的人。这就是所谓"从灵生的，就是灵"。

由此可知，若不是圣灵，我们不仅死灵不能得活，也无法从灵生灵。我们只有借着圣灵领悟真理的话语，并以此为粮，认真地过属灵和圣洁的生活，才能成为完全的属灵人。我们通过这样的过程，便得以模成主的形像。

旧约时代的众先知和新约时代的耶稣的门徒们，也都是通过这样的过程成为属灵人，能够时常与神交通，成就了神的国。耶稣在约翰福音14章12节说："我实实在在地告诉你们：我所作的事，信我的人也要作；并且要作比这更大的事，因为我往父那里去。"我们成为属灵人，就能彰显奇事和神迹，作大事，荣耀神的名。

亚当在偷吃善恶果之前，其心中只是充满着真理，因此没有必要区分灵和心。但自从犯了罪，灵死了之后，非真理就开始进入他的心，从此分为真理的心和非真理的心。所以，我们里面有两种心：一是愿意顺从圣灵的心；二是愿意顺从情欲的心。

也就是说，我们心里追求真理、良善和灵的心和喜欢非真理、罪恶和情欲的心共存。我们越成为属灵的人，越能支配和管理肉体的情欲，顺着圣灵而行，若达到完全支配肉体情欲的境界，信仰生活就会变得很轻松，能以感恩和喜乐的心走天路历程。

但若追求情欲的心更加强盛，就会在灵战中经常失败。若两种心势力相等，便胜负无常，争战激烈，信仰生活既艰难，又苦闷。反之，我们若成为属灵的人，追求圣灵的心会更强盛，便能常常过得胜的生活。如此，当我们不断靠着圣灵生灵，脱去一切非真理的心，完全变成真理的心，灵和心就能合而为一。

人的事只有人里头的灵知道。人以为知道自己的心，其实不然。例如：每逢新年，很多人重新收束心志，立各种计划。有的下决心新年一定要照神的话语生活，殷勤工作，大干一番事业。

学生则立志今年定要刻苦学习成为优等生。可是人的决心能坚持半年，也就算不错了。这就表明：自己的心其实人自己也不知道。

假如：一个热衷于信仰生活的人为了蒙物质的祝福而向神祈求："神啊！您若赐我物质的祝福，我定会用来周济众人，荣耀您的名。我的心您是知道的，求您赐我物质的祝福。"可问题是，虽然祷告迫切，却不蒙应允。这样的情况并不罕见。神既然乐意应允儿女们的祈求，可为什么不应允此人呢？那是因为神了解他的心。

虽然人因为自己经历过贫穷，所以成为富足后必会广行施舍，并且立志这么做，然而神看透他的内心，就对他说："不会的，我若赐给你物质的祝福，你定会远离我，并且爱钱财胜过爱我，以致不祷告，渐渐沾染世俗的污秽。"具有这等内心的人，无论怎样求神，神也不会祝福他。

实际上，蒙了物质的祝福，就停止祷告，渐渐迷恋世界的人确实存在。他们有苦难的时候热心侍奉神，可是一旦得了祝福，就以繁忙为由，或找其它的借口，远离神。这种人倒不如不蒙物质的祝福为妙，省得他财迷心窍，叛离神。

总之，自己的心其实人自己也不知道，惟独我们里头的灵知道。用神的道装备自己，活在真理里面的人能够清楚了解自己的心，知道自己是否诡诈；所下的决心能否守住等等。因为其里头的灵参透这些，并传递信息，便能在神面前不至失误。

例如："神啊！往后我定要如何如何做。"他们不会这样祷告。而会祷告说："神啊！我愿意如何如何做，求您赐我能力，使我能做到。"因为神吩咐我们什么誓都不可起（马太福音5章34节）。人一旦起誓，就会遭到撒但的亵渎和毁谤。他们因为知道这个道理，所以会祷告说："求神帮助我，使我能做到。"

不过，其里面的灵如果认定他必会信守承诺，便会祷告说："神啊！我定要如何如何做。求您帮助我。"并且照其祷告，付诸行动。因为这是向神许的诺、与自己的心承诺的事，所以无论如何都会信守。属灵的人因为心里头的真理的灵知道其心里的事，所以能够按照灵的意思做必要的祷告，过合神旨意的信仰生活。

然而，尚未进灵的人，因听不到圣灵的声音，只好用自己的心去揣摩，便不知道自己心里面的事。他们因为不知明天的事，只好茫然度日。

在此要记住"除了在人里头的灵，谁知道人的事？"这句话。大家若成为真理的人，就能时刻蒙神保守，即使前面有危险，也能安然避开，因为圣灵会透过梦，或者灵感，或者从心里发出的声音，或者在祷告时赐下话语等各种方式提前预告我们。这一点都不足为奇，因为连神深奥的事都参透的圣灵，住在我们心里头。人越属灵，越能清晰听到圣灵的声音。

我们若深明神属灵的话语，并且悟出真理，自然就能与本为灵的神灵里交通。总之，我们成为属灵的人，就能参透自己的心，行事为人合乎中道。

因为圣灵住在我们里面，所以我们只要聆听祂的声音，就能体贴神的心意，行祂喜悦的事。

"我们所领受的，并不是世上的灵，乃是从神来的灵，叫我们能知道神开恩赐给我们的事。"（2章12节）

凡接待耶稣基督的人所领受的不是世上的灵，而是从神来的灵。那么，什么是"世上的灵"？就是指魔鬼的灵、谬妄的灵、谎言的灵等。

在自称信神的人当中也有领受谬妄之灵的人。例如：那些口称神迹和奇事不可信的人们就属此类。

圣经上记载着无数的神迹和奇事，这都是使无变有的神所彰显的作为。可这类人却照着自己的想法和理论去否定全知全能的神，这是不合理的。这类人虽然口称信神，但实际上是没有从圣灵生灵。他们不是神的儿女。

什么是世上的灵？我们查考圣经。

提摩太前书4章1节："圣灵明说：在后来的时候，必有人离弃真道，听从那引诱人的邪灵和鬼魔的道理。"稳立在信心的磐石之上的人，是不会受迷惑的，就是那些离弃真道的人，才会听从那引诱人的邪灵和魔鬼的道理。

例如：圣经教导我们要呼求祷告，我们理当顺其而行，可有些人却跟神唱反调说："全知全能的神难道耳聋了吗？"就这样拦阻人呼求祷告。神吩咐我们要殷勤聚会，有人却忌讳聚会，说："现代生活这么繁忙，哪有空经常聚会？"这些都是叫人违背真理的谬妄之灵的道理。

约翰一书4章3节说："凡灵不认耶稣，就不是出于神，这是那敌基督者的灵。你们从前听见他要来，现在已经在世上了。"还有6节说："我们是属神的，认识神的就听从我们；不属神的，就不听从我们。从此我们可以认出真理的灵和谬妄的灵来。"

启示录16章13节出现污秽的灵："我又看见三个污秽的灵，好象青蛙，从龙口、兽口并假先知的口中出来。"14节则出现鬼魔的灵："他们本是鬼魔的灵，施行奇事，出去到普天下众王那里，叫他们在神全能者的大日聚集争战。"

启示录18章2节说："他大声喊着说：'巴比伦大城倾倒了，倾倒了！成了鬼魔的住处和各样污秽之灵的巢穴(或作"牢狱"。下同)，并各样污秽可憎之雀鸟的巢穴，'"。

人一旦领受这些世上的灵，就会离弃真理，迷恋世界，见到遵行神话语的人，就觉得离奇、愚拙。这是他们接受鬼魔的引诱，领受谬妄之灵的必然的结果。

神的真儿女们没有领受这种世上的灵，惟独领受了从神来的灵，即圣灵。本文中讲述着神赐我们圣灵的理由："叫我们能知道神开恩赐给我们的事。"

给人打工，领了工钱，这不叫恩惠，只是按劳得了工价而已。不过，没做任何事，却从人领受了什么，这就是恩惠。

我们得救，并不是因我们做了什么，或者活得仁义。如马太福音9章13节所说："我来本不是召义人，乃是召罪人。"的确，耶稣来是为了召罪人。是祂召了我们罪人，使我们离弃罪恶，走义人的道路。我们因着耶稣基督罪得赦免，并且靠着神所赐的能力，得以胜过世界。

将属灵的话解释属灵的事

"并且我们讲说这些事,不是用人智慧所指教的言语,
乃是用圣灵所指教的言语,将属灵的话解释属灵的事
(或作"将属灵的事讲与属灵的人")。"(2章13节)

使徒保罗在传福音的时候,并没有用人智慧所指教的言语,
或知识,也没有依靠什么书籍,或学问,只是顺着圣灵的主管,传
讲圣灵所指教的言语。

世上有很多博学多才,智慧超群的人。然而,人单靠着丰富的
知识和学问是无法做好神的工作,例如:在大公司当干部,而且才
华出众的人,却在教会里就连一个机关(教会最小单位组织)的使
命都做不好。

因此,使徒保罗在哥林多前书2章4节告白:"我说的话、讲的
道,不是用智慧委婉的言语,乃是用圣灵和大能的明证"。神的工
作不是靠人的知识或智慧所能成就的,惟靠圣灵和大能的明证才

能做好。

论到教会的复兴也是如此，我们可以看到大学校长、教授，或社会名流当主的仆人的现象。

人们觉得他们具有丰富的知识和智慧，应该能使教会大大复兴，然而，结果却往往适得其反。因为神的事是不能靠人的知识和智慧去成就，做神的工作必须要靠圣灵指教的言语。圣灵的教导是什么，使我们死灵重生，并将我们引入真理的圣灵具体做怎样的工作？

约翰福音14章26节说："但保惠师，就是父因我的名所要差来的圣灵，他要将一切的事指教你们，并且要叫你们想起我对你们所说的一切话。"因此，我们做圣工一定要依靠圣灵的教导和带领。

还有在路加福音12章11-12节，耶稣对门徒们说："人带你们到会堂并官府和有权柄的人面前，不要思虑怎么分诉，说什么话；因为正在那时候，圣灵要指教你们当说的话。"

我们若不领受圣灵的主管，无论做何事，都会人意当先，从而无法经历神的大能。因此，我们做事要靠圣灵的大能和明证，而不要靠人的智慧或知识。

肉体的事和情欲的事

13节说："……将属灵的话解释属灵的事(或作"将属灵的事讲与属灵的人")。"什么是属灵的事？有属灵的事，必有不属灵的事。那么，我们先查考不属灵的事，即"肉体的事"和"情欲的事"。

"肉体的事"是指人与生俱来的原罪和成长过程中自行犯下的自犯罪中，猜忌、嫉妒、仇恨等犯罪行为的诱因、罪的属性。

圣经上说的"血气"是指行为上显露的罪的统称。将此一一罗列便是"情欲的事"。如果心里有打人的念头，这种坏心便是"肉体的事"；若动手打了人，便是"情欲的事"。

罗马书13章14节说："总要披戴主耶稣基督，不要为肉体安排，去放纵私欲。"还有在罗马书8章5节说："因为随从肉体的人体贴肉体的事；随从圣灵的人体贴圣灵的事。"这里提到"肉体"和"肉体的事"。

在加拉太书5章19-21节则出现与属灵的事相对的情欲的事："情欲的事都是显而易见的，就如奸淫、污秽、邪荡、拜偶像、邪术、仇恨、争竞、忌恨、恼怒、结党、纷争、异端、嫉妒(有古卷在此有"凶杀"二字)、醉酒、荒宴等类，我从前告诉你们，现在又告诉你们，行这样事的人，必不能承受神的国。"这些情欲的事，不仅有害于自己，而且也给别人带来痛苦。行这样事的人不仅不能承受神的国，而且所求的也无法蒙神应允。

因此，属灵的事是指完全脱离肉体的事和情欲的事的状态。我们若进入这种境界，就能时常与神交通，凡所求的都蒙应允，归荣耀于神。

神的儿女们是在成为属灵人的过程中，大多数圣徒们还不能算是神所称许的完全的属灵人。属灵信心的分量因人而异，我们只有进入完全属灵的境界，才能正确分辨属灵的事。

"然而，属血气的人不领会神圣灵的事，反倒以为愚拙，并且不能知道，因为这些事惟有属灵的人才能看透。"（2章14节）

"属血气的人"是指因不遵行神的旨意，尚未进入真理里面的人，即仍旧羡慕世界上的事，尚未从心里离弃贪心的人。

这类人既听不到圣灵的声音，也得不到圣灵的引导。虽然圣灵在他们心里时常指教和引领，他们却因被"肉体"所蒙蔽，听不到圣灵的声音，便无法看透属灵的事，反倒将属灵的人看为愚拙。

我们即使在事业或工作上没有得什么大的祝福，只要活在神的话语里面，便是有福气的人。世人通常说丰衣得什么大的足食，奢华富贵的人有福。但查考圣经就能发现，人物质上的富足，并非都是神所赐的祝福。

诗篇1篇1-2节说："不从恶人的计谋，不站罪人的道路，不坐亵慢人的座位，惟喜爱耶和华的律法，昼夜思想，这人便为有福。"因此，我们真正的福气就是灵魂兴盛、抱着天国的盼望，积攒奖赏在天上。

从财主和拉撒路的比喻中，我们可以明白一个真理：人真正的福气不在于在世得享荣华富贵。因侍奉神而得到救恩的讨饭的拉撒路才是真正有福的人，因为这地上的人生是暂时的，但天国的生活是永恒的。只有领会这些真理之道，能够欢喜地说"阿们"的人，才能进入属灵的境界。

这些事只有领会神圣灵的事的人才能醒悟和明白。他们因而能够分辨情欲的事，以致不陷入其中，活出真理。正如本文所讲，这些事只有用属灵的话才能解释。

真理使我们看透何为真实，然而没有脱去情欲事的人则认不出真实，认为自己的想法是正确的。人只有进入属灵的境界才能看透是非真假。

"属灵的人能看透万事，却没有一人能看透了他。"（2章15节）

圣经处处告诫人不可论断。属灵的人是指活在真理话语里面的人。属灵的人是完全活在神真理的话语里面，清楚了解神的旨意，因此能够看透万事，他们所论断的都是正确的。

属灵的人不会仇恨、猜忌、嫉妒别人，也不会处于骄傲而论断别人，其"论断"完全是出于爱心。

马太福音7章3-5节说："为什么看见你弟兄眼中有刺，却不想自己眼中有梁木呢？你自己眼中有梁木，怎能对你弟兄说'容我去掉你眼中的刺'呢？你这假冒为善的人！先去掉自己眼中的梁木，然后才能看得清楚，去掉你弟兄眼中的刺。"

"去掉眼中的梁木"之意是：除去一切属肉的事。我们若去掉眼中的梁木，就有权论断别人。活在真理里面的人，自然爱神并爱弟兄。他们丝毫没有仇恨、猜忌、嫉妒和骄傲。他们因只用仁爱的眼目看待弟兄，便能看清弟兄眼中的刺。本文所讲的属灵的人就是这样的人。

有谁能看透属灵的人呢？

世人轻易论断别人，他们尽管对属灵的事一窍不通，却认为自己的观点正确，将属灵的人看为愚拙，便妄加论断。论断、定罪耶稣的是法利赛人、文士和不信的世人。但其实不懂属灵事的人是没有资格论断属灵的人。

小学生能论断大学生的数学能力吗？小学生只有进入大学，数学能力超过他，才有资格进行褒贬评价。因此，属灵的人可以论断任何一个人，而不属灵的人则不能论断属灵的人。

"谁曾知道主的心去教导祂呢？但我们是有基督的心了。"（2章16节）

大家能指教比自己更属灵的人吗？能教导清晰听到圣灵声音的人吗？如果你去教导他，那就是教导神；如果你能教导听清圣灵的声音而行的人，那就是高过神了。

因此，基督徒在教会里面一定要严格遵守次序，一旦违背次序，就立刻遭到撒但的亵渎。于是保罗责备说："谁曾知道主的心去教导祂呢？"

我们有圣灵的内住，因此我们只要活在真理里面，听从其声音，模成主的形像，成为属灵的人，就能看透万事，且能得称为神的真儿女。

罗马书8章14节说："因为凡被神的灵引导的，都是神的儿子。"这段经文所表明的是：信主的人不都是神的儿女，只有被圣灵引导的人才是真正的神的儿女。因此，我们应当进入属灵的层次，常被神的灵引导，成为蒙福的神的儿女。

第三章

我们是神的殿

属肉体的哥林多教会

惟有神叫他生长

在耶稣基督的根基上建造的聪明的工头

各人的工程

毁坏神的殿，不得拯救

这世界的智慧是愚拙的

属肉体的哥林多教会

"弟兄们，我从前对你们说话，不能把你们当作属灵的，
只得把你们当作属肉体、在基督里为婴孩的。"(3章1节)

使徒保罗说："弟兄们，我从前对你们说话，不能把你们当作
属灵的，"由此可知哥林多教会的人们还未达到属灵的状态。保罗
是讲因为你们是仍与世俗为友的属肉体的人，所以不能待你们像
待属灵的人。

保罗指着还未进入属灵层次的人说："只得把你们当作属肉
体、在基督里为婴孩的。"吃奶的婴孩消化器官还很弱，不能吃
饭，只能吃奶，因为吃饭会导致消化不良，甚至会危及生命。

与此同理，信神，但仍属乎肉体的人，听了神的道也不能醒
悟，从而无法完全活在真理里面。这类人即使在世上堪称聪明人，
但因尚不能领受真理之道，便被形容为婴孩。

"我是用奶喂你们，没有用饭喂你们。那时你们不能吃，

就是如今还是不能。"（3章2节）

使徒保罗说，对哥林多教会圣徒们只能喂奶，不能喂饭。如在1节所解释的，哥林多教会的圣徒们在属灵上看还是不能消化干粮的婴孩，他们无法领受属灵的事，便只能用奶喂他们。

从一章的内容也可以了解到，哥林多教会的羊群仍属乎肉体。他们各人说"我是属保罗的"，"我是属亚波罗的"，"我是属矶法的"，"我是属基督的"。他们这样彼此分党，证明他们不懂真理，也是尚未在真理里面合而为一的表证。

他们若能领受属灵的事，早就爱里合一，同心祷告，遵照神的旨意，致力于拯救灵魂的事。然而他们不过像吃粥或吃奶的婴孩一样互相主张自己有理，这说明他们还停留在不能领受属灵事的水准。

那么，为了成为属灵的人，我们具体应当具备什么程度的信心呢？

若将信心用百分比来衡量的话，我们信心的分量达到60%的程度，就可以算是属灵的人，在50%的程度上或许会偏离左右，但超过60%就不会偏离左右或摇动。我们达到这个水准，就能够战胜情欲，堪称站立在信心的磐石之上，也可称得上是属灵的人，一心追随属灵的事。

大家应当用属灵的眼光衡量自己的信心，如果信心只达到10%或20%的程度，在属灵上讲是属于吃奶的婴孩。如前面所述，不能领受属灵事的人，即使按肉体看是成人，但在属灵的层面上看是仍然属于婴孩。这一水准的人，应当殷勤聆听并实践神的道，努力成为成熟的基督徒。

另外，对属婴孩信仰的初信徒，应当按照他们信心的大小，智慧地进行开导。比如说，一个经营店铺的初信徒，因还处在吃奶的信仰水准，主日做完礼拜就回去开店铺。我们知道主日关了店铺，必蒙神祝福，但他还未达到那种信心水准。

如果对他说："神在圣经上吩咐我们要全守主日，所以你一定要关掉店门，到教会全守主日。"就会对他造成很大的负担，使他厌恶上教会。

告诉他怎样守主日是应该的，但应当教导他说："如果你还不能凭信心在主日关店，那么开店也无妨，但你可以求神帮助你信心增长，等你信心增长了，就能自觉地关店门，出席教会。"因为他现在还处在爱财物胜过爱神的阶段，所以要当心哪些话会使他消化不良。

他若信心增长，达到能吃粥的信心阶段，就能做到主日停业守礼拜，但逢长假、或节日还会经不起诱惑，在主日开店营业，因为他尚未达到甘心乐意守主日的水准。就是把这种从吃奶到吃粥的阶段的人，叫做属肉体的人。

然而，属灵的人是不会为了赚钱而悖逆神的话语，因为不能为了财物赔上天国，哪怕是损失钱财，也会关掉店门，圣守主日。属灵的人不会认为因守主日而受了亏损，反而会为之喜乐。他们最大的喜乐莫过于凭信心遵行神道，讨神的喜悦，被神认定为真儿女。所以称这样的人为"立在信心的磐石上"。

> "你们仍是属肉体的，因为在你们中间有嫉妒、纷争，这岂不是属乎肉体、照着世人的样子行吗？"（3章3节）

使徒保罗指着哥林多教会的信徒们说他们仍是属肉体的，并指责他们中间有嫉妒和纷争。

"嫉妒"是指人觉得自己不如别人，或别人比自己强的时候忌恨对方，远离对方的心。"纷争"是指把自己的利益和权势放在首位，并为了拥有它们而争斗。"纷争"是出自贪心，最终导致严重的后果。

如前所述，哥林多教会的信徒们互相分门别类，说"我是属保罗的"，"我是属亚波罗的"，"我是属矶法的"，"我是属基督的"，互相嫉妒、纷争。不仅当时如此，现今这个时代也有互相分党，纷争的教会，实在令人痛惜。

例如：宣教会的会员们应当顺从会长。他之所以当选为会长，是因为在灵里领先于他人。因此，作为会员理当顺从他，不然，就是嫉妒和纷争。

一个人若觉得自己比为首的义工学历高，信心大，就心怀不平，神会怎样看待他呢？神就会像称谓哥林多教会的教徒们一样，称他为属肉体的人。我们如果有这种心，应当迅速离弃，成为属灵的人。

> "有说：'我是属保罗的。'有说：'我是属亚波罗的。'这岂不是你们和世人一样吗？亚波罗算什么？保罗算什么？无非是执事，照主所赐给他们各人的，引导你们相信。"（3章4-5节）

如使徒行传4章12节所说："除他以外，别无拯救。因为在天下人间，没有赐下别的名，我们可以靠着得救。"除了耶稣基督以外无人能拯救我们，不是亚波罗、使徒保罗，或某个人有能力，就可以拯救我们。

保罗说自己或亚波罗不过是执事，是因为哥林多教会的教徒们互相分派纷争。这里"执事"是指使命者，即领受使命，为达成某种目的而作工的人。使徒保罗或亚波罗是神的执事，即主的仆人，做拯救灵魂的工作。

使命者是不照自己的意思，乃只照神的旨意而行的人。亚波罗或保罗的工作是：照神拯救灵魂的旨意，给羊群栽植信心，并看顾照料羊群。除耶稣基督以外别无拯救，可是他们却互相分派分党，说我是属保罗；我是属亚波罗，令保罗甚感痛惜。

惟有神叫他生长

"我栽种了，亚波罗浇灌了，惟有神叫他生长。"（3章6节）

亚波罗信仰年限比保罗长，但神看重使徒保罗这个器皿，就比亚波罗更重用保罗，并使他成为彰显权能的仆人。神使他们在神里面合而为一，又给他们分工——叫保罗栽种，叫亚波罗浇灌。

"使徒保罗栽种"的意思是：在心田里栽种了信心的种子。他彰显神迹，见证永活的真神，给众人栽种了信心的种子。

耶稣也通过神迹和奇事给众人栽种了信心。如果耶稣没有显神迹和奇事给众人看，便无人会相信祂是神子、救主。

圣经有许多有关耶稣所彰显的奇事和神迹的记载。马可福音4章记载：耶稣平静了狂风大浪；马太福音4章23-24节记载："耶稣走遍加利利，在各会堂里教训人，传天国的福音，医治百姓各样的病症。他的名声就传遍了叙利亚。那里的人把一切害病的，就是害各样疾病、各样疼痛的和被鬼附的、癫痫的、瘫痪的，都带了来，耶稣就治好了他们。"

耶稣的门徒们和使徒保罗也是通过神迹给众人栽种了信心的种子，从而使许多人信从耶稣基督，福音得以广传。

亚波罗做了浇灌的工作。栽种之后必须要浇灌，才能使其发苗生长。这里"水"的灵意是神的话语。主的仆人要给羊群；宣教会长要给会员们浇灌神的话语，助长他们的灵命。神的国就是这样由所有肢体都互相效力同工而成就的。

当然，使徒保罗栽种信心，亚波罗助长信心，这并不意味着栽种和浇灌是个别的。浇灌的也会栽种信心；栽种信心的也会浇灌。使徒保罗和亚波罗都是栽种和浇灌的工作并行，但是说保罗主要负责栽种；亚波罗则主要负责浇灌。

> "可见栽种的算不得什么，浇灌的也算不得什么，只在那
> 叫他生长的神。"（3章7节）

人即使在田间撒种、浇灌，辛苦劳作，所栽种的若不在神的能力里面生长，便是徒劳无功。种子播种之后，发苗，生长，结果，这都在乎神的能力。

这在灵里也相仿，神为了使人顺从神的话语度过蒙福的人生，便通过使命者栽种信心，浇灌栽培。但无论是栽种的人，还是浇灌的人，都算不得什么，因为，惟独神能使他生长。使徒保罗栽种

了，亚波罗浇灌了，但如果神不叫他生长，便是徒劳无功。故此无论是栽种的，还是浇灌的，都要将一切荣耀归给全能的神。

> "栽种的和浇灌的，都是一样。但将来各人要照自己的工夫得自己的赏赐。"(3章8节)

"栽种的和浇灌的，都是一样"，因为他们是同工。栽种的人若没能正确栽种，浇灌的再好也是枉然。只有正确地栽种和浇灌，同工之间配合默契，才能圆满地成就圣工，因此说："栽种的和浇灌的，都是一样。但将来各人要照自己的工夫得自己的赏赐。"每个人的器皿都不一样，有显现神迹的，也有善于传道、探访、赞美、侍奉的，各人便照自己所行的得自己的赏赐。

不要以为主的仆人得更大的赏赐。无论是区域长，还是宣教会长，所得赏赐的大小取决于得神称许的程度、圣洁的程度，以及忠于使命的程度，而非取决于职分的大小。

学生或许想："我只做学习，应该没有天国的奖赏。"其实不然，学生有神赋予的使命，就是祷告、礼拜、好好学习，尽学生的本分，归荣耀于神。而且，无论在哪里都要散发基督馨香之气，孝敬父母，得众人的称赞，这些都能成为天国的赏赐。

孩子有孩子的奖赏。不哭不闹，安静地作礼拜，端正地祷告等，孩子也有孩子的使命。因此，孩子的赏赐取决于父母在真理里面怎样教导孩子。

主的仆人若不好好管理所托付于自己羊群，会比羊群受更大的审判。因此，雅各书3章1节说："我的弟兄们，不要多人作师傅，因为晓得我们要受更重的判断。"

"因为我们是与神同工的；你们是神所耕种的田地，所建造的房屋。"（3章9节）

"同工"是指同心协力成就一样事的人。使徒保罗和亚波罗为了拯救灵魂的事，同心协力，栽种，浇灌，成就了神的国，所以两人是同工的关系。

还说"你们是神所耕种的田地"，"田地"是指人的心。具有信心之人的心就是神所耕种的田地，因此要用真理好好耕耘。

马太福音13章将田地分为四类，即好土、荆棘地、石头地、路旁地。神的儿女们应当用真理好好开垦自己的心田，变成好土。

保罗还说我们是"所建造的房屋"。神的儿女们，因有圣灵的内住，便可称作神的房屋。对此哥林多前书3章16-17节说："岂不知你们是神的殿，神的灵住在你们里头吗？若有人毁坏神的殿，神必要毁坏那人，因为神的殿是圣的，这殿就是你们。"

总之，我们是神所耕种的田地，也是神所建造的房屋，因此要成为属灵的人，绝不能成为充满猜忌、嫉妒，行非真理的属肉体的人。

在耶稣基督的根基上建造的聪明的工头

"我照神所给我的恩，好象一个聪明的工头，立好了根基，有别人在上面建造，只是各人要谨慎怎样在上面建造。"（3章10节）

这段经文按字面上看好像容易理解，其实这里包含着三重属灵意义。这样的话语可谓"三股合成的绳"。

将10节的话语直接解释乃为一股绳，这是与此经文的记录者保罗相关的解释。另外，这里还包含着与我们相关的灵意。与保罗相关的意义和与我们相关的两种意义合起来便是"三股合成的绳"。

这里"我"是指使徒保罗。保罗在遇见耶稣之前名叫扫罗。他作为彻底的犹太教徒，甚为逼迫信耶稣的人。他在为了将被迫逃离耶路撒冷的许多基督徒绑回耶路撒冷，从大祭司领了授权的公函前往大马士革的途中遇见了耶稣基督。使徒行传9章对扫罗接待主的过程做了详细的描述。

使徒保罗自从在大马士革遇见主以后成为深深爱主的人。他对主耶稣的爱的告白记录在罗马书8章35节以下："谁能使我们与基督的爱隔绝呢？难道是患难吗？是困苦吗？是逼迫吗？是饥饿吗？是赤身露体吗？是危险吗？是刀剑吗？……因为我深信无论是死，是生，是天使，是掌权的，是有能的，是现在的事，是将来的事，是高处的，是低处的，是别的受造之物，都不能叫我们与神的爱隔绝；这爱是在我们的主基督耶稣里的。"

使徒保罗以认识主基督耶稣为至宝，便将先前以为与自己有益的，都当作有损的，并为主丢弃万事，看作粪土。不论神差遣他到哪里去，他都不以性命为念，遵命前往，以满腔的热忱传扬福音。

他照着神的旨意祷告，领受神的权能，彰显无数的神迹，"甚至有人从保罗身上拿手巾或围裙放在病人身上，病就退了，恶鬼也出去了。"（使徒行传19章12节）

使徒保罗奉安提阿教会所差派作宣教士，周游各个地方，建立了教会。他走遍哥林多、加拉太等各个地方传扬福音，开拓了主身体的教会。

他替自己设立具备牧养教会能力的主仆或义工之后，便离开所建立的教会，出去传扬福音。此时，保罗嘱托负责教会的同工说："我照神所给我的恩，好象一个聪明的工头，立好了根基，有别人在上面建造，只是各人要谨慎怎样在上面建造。"

意思是：使徒保罗照着神的恩典，好像一个聪明的工头，见证耶稣基督，立好了教会的根基，继任者也应当照着使徒保罗的教训，正确教导耶稣基督真理的福音。

这是与使徒保罗当时的情形相关的意义层面。而其他两种意义比这更为重要，因为其中包含着与现今的我们相关的神的旨意。

那么，与我们相关的第二个意义是什么呢？就是神的儿女们各自要建好心灵圣殿。我们敞开心门，接待耶稣基督为救主，就能领受圣灵。因为圣灵住在我们心里，所以我们就是神的殿。（哥林多前书3章16节）

那么，我们该怎样建造神的殿呢？我们并非起初就是神的殿。领受圣灵之前我们是魔鬼所建造的房屋。对此种说法或许有人置疑，但我们可以回顾一下我们从前的样式。

从前我们心思意念被撒但所操控，常显魔鬼的作为，喜欢目睹、耳闻污秽之物；喜欢涉足污秽之地；喜欢用手操作污秽的事；意念或计划都离不开违背真理的污秽之事，我们岂不是魔鬼所建造的房屋！

后来我们借着圣灵的帮助领悟真理，顺着"你们要圣洁"的神命，与罪相争，竭力成圣，以至我们的心变成真理，凡所思想的尽都是真理；一切企图和计划也都出乎真理。就这样我们将魔鬼的房屋拆毁，逐渐将自己建造成神的殿。

例如：我们仇恨、嫉妒、议论人的口，变成真理的口，成为称赞别人的长处，赞美、祷告的口；迈向下流夜店的脚步，转向教会、家庭、主内弟兄们聚会的场所；眼睛喜欢看善美的、属真理的；耳朵忌讳听嫉妒、背后议论的话，只喜欢听真理的话语；乐意在真理里面谈论合神心意的话题。

借此，我们的身体渐渐变成圣洁美丽的真理的房屋，即圣殿。如果魔鬼辖制的非真理和真理各持一半，就等于圣殿建了一半。随着我们不断地与罪相争，抵挡到流血的地步，用真理装备自己，建殿的工程也就逐渐完工。

我们将一切违背真理的离弃净尽，全然遵行神的话语，就可称为属灵的人，等于建造心灵圣殿的工程得以圆满竣工。我们达到这种境界，自然就能与神同行，深入交通，从而凡所求的一切都能从神得着，常蒙神的引导，凡事亨通，而且因成为圣洁神的殿，就能脱离一切试探患难，完全活在神随时的保守当中。

第三种意义是针对全体教会的教训。各教会都有领头的牧者，在讲台上用神的话语教导群羊。群羊吃这些灵粮，属灵的生命得以增长，以至充当房屋的一部分——有的充当神殿中的栋梁；有的充当砖石；有的则充当涂料。

"我做完礼拜就回去，是不是对教会起不到任何作用？"若有人这么想，他应该知道自己是在充当水泥和沙子。因此，一个人即使没有职分，也是教会不可或缺的一部分，就是他们的聚合，才使圣殿完美成型，因此在神看来教会中的每一个圣徒无一不重要。

不分使命大、小、有、无，只要各人在自己的位置上尽本分，献忠心，这些集合在一起，便成就了圣殿。

从栋梁到砖石、水泥、建材、涂料，没有一样是不重要的。墙面的涂料哪怕是有局部的脱落，也会显得难看。每个人都谨守本位，尽自己的本分，神的殿就会被建得完美无缺。这就是本文所包含的三重意义。

再看10节："我照神所给我的恩，好象一个聪明的工头，立好了根基，有别人在上面建造，只是各人要谨慎怎样在上面建造。"聪明的工头在建造房屋的时候，首先扎实牢固地打好基础。

在此"根基"是指耶稣基督；"聪明"是指属灵的聪明，即从神而来的聪明，而非从世上的学问来的聪明。

神所赐的聪明是什么？就是常常喜乐，不住地祷告，凡事谢恩。而且，活在神的话语里面，各样的恶事除去净尽，自洁成圣也是神的旨意、属天的聪明。

我们应当像聪明的工头，在耶稣基督真理的话语上面建造自己，即谨守遵行神的话语，成为圣洁美丽的属灵人。

建造房屋需要水泥、砖石、木料等建材和建筑装备等。那么，建神的殿都需要些什么呢？

首先是需要我们，即需要我们的心思意念和心志。因此，我们应当将真理的话语盛装在心里。此外，还需要起建筑装备作用的圣灵，因为没有圣灵的帮助是无法建造圣殿的。

那么，建造圣殿所需的材料具体是什么？当我们唱诗歌的时候，爱神的心、信心和恩典充满在心中；借着恒切的祷告，得到圣灵的帮助，便能胜过世界，脱去非真理，活在真理里面。总之，神的殿是以神的道、赞美、祷告等这一切为材料所建成的。

保罗接着说："有别人在上面建造，只是各人要谨慎怎样在上面建造。"

例如：教会的主任牧者像使徒保罗一样成为聪明的工头，在耶稣基督的根基上传讲神道，而且其下面的主的仆人或义工也以属天的聪明和真理之道引导羊群，这便是"三股合成的绳子"、完美的圣殿。

然而，牧者虽在讲台上像使徒保罗一样尽职喂养群羊，可下面的工人却动用人意去喂养群羊，这就等于把房子盖在沙土上。根基虽立在磐石上，但一楼则用沙土建造，其上再建造二楼，这房屋是必然要坍塌的。由此看来，砌造的人也是非常重要的。与此同理，牧者在讲台上传讲属灵生命之道，但下面的工人们却不领受那道，不正规砌造房子，这房子只能成为沙土上建造的房屋。

因此，神的殿是不能动用人意来建造。我们若要建成完美的圣殿，就必须听从圣灵的声音，用真理的话语正规地建造。

"因为那已经立好的根基就是耶稣基督，此外没有人能立别的根基。"（3章11节）

意思是：我们既然在磐石耶稣基督里面用真理立好了根基，就不能在其上立别的根基——不可加添人的知识，也不可加添人本主义的书籍内容。这就是在前一节中叫我们谨慎的缘由。也就是说：我们只有在真理的磐石——耶稣基督的话语上面建造的时候，才能建好完美的圣殿。

各人的工程

"若有人用金、银、宝石、草木、禾秸在这根基上建造，"

（3章12节）

如前面所提，"根基"是指耶稣基督。意思是：各人在耶稣基督的根基上建造，有的用金子或银子；有的用宝石或草木；有的则用禾秸。

在此"金、银、宝石、草木、禾秸"，是以贵贱的次序所排列的。金子是非活性金属，不与其他物质起化学反应，因而经久保持美丽的光泽，质地不变。金不仅用途广泛，也有可铸造成多种形状的特点。

当然，有的人会认为宝石比金子贵重。但宝石没有像金子那样用途广泛。钻石、蓝宝石、绿宝石等，虽其光彩和色泽艳丽，可一旦破碎就会丧失宝石的价值。另外，银子也是无论在价值上，还是在美观上都不如金子。

神以用途作为衡量价值的标准，把金子排在首位，其次为银子，再次为宝石。

启示录4章2-3节记载："我立刻被圣灵感动，见有一个宝座安置在天上，又有一位坐在宝座上。看那坐着的，好象碧玉和红宝石，又有虹围着宝座，好象绿宝石。"上述经文中，约翰将神的形像用碧玉或红宝石来形容，就是把宝石作为比喻，描述神的荣美；本文则是以用途为价值标准，以金、银、宝石的顺序进行排列。

接下来是有生命的草木，最后是既没有生命又最无价值的禾秸。就这样神把我们的信心拿贵重的金、银、宝石作比喻，接着用有生命的草木，最后用无生命的禾秸作了比喻。

"各人的工程必然显露，因为那日子要将它表明出来，有火发现，这火要试验各人的工程怎样。"（3章13节）

"工程"是指付出辛劳而积累的功绩。就是指我们在神面前尽心，尽意，尽力献上的赤诚。12-13节的内容表明：人的信心可分为六类——有的具有精金般的信心；有的具有银子般的信心；有的则具有宝石般的信心；也有草、木、禾秸般的信心，这取决于人热忠于信仰生活，遵行神话语的程度。

从金到草木的信心虽在信心的深度和分量上呈现差异，但有一个共同点：都有生命，能够得救。可是禾秸的信心因没有真生命而无法得救。

"那日子"是指何时？

在那日子，各人的工程必然显露——多种的多收，少种的少收。那么，"那日子"指的是何时呢？

第一是对为职分效力的程度进行评价的日子。

若以一年为单位，那么年末就是"那日子"。各人在教会担任某种职分，侍奉一年，到了年末就会显露各自的工程，有的结果累累，有的则原地踏步。

一个人一年来为神的国和义做了多少禁食、通宵祷告；栽种了多少时间和物质；付出了多少爱心，到了年末，其工程必然显露，并且按照所显露的功绩，在天国得到相应的奖赏。

假如一个主的仆人一年来认真祷告，殷勤探访，可到了年末衡量其工程，却一无功绩，他无论曾经多么辛苦，也不过是原地踏步，在地无可称许，在天没有赏赐。

平信徒往往会想："教牧人员终日为主作工，积攒许多赏赐，可我们做世上工作的，会不会少得赏赐？"这是错误的想法。主的仆人若没有功绩可得神的认定，他曾经的辛劳就不会成为赏赐。拯救灵魂，照料灵魂是主的仆人当尽的道理，因此他们若没有显著的功绩是得不到赏赐的。

然而，即使是一个平信徒，只要他有信心，无论学习、工作，还是做事业，凡事会为荣耀神而行；无论积累知识、积攒财富，还是追求名誉，都会为了荣耀神的名而行，并且愿意将用辛勤的工作赚来的钱，为宣教、救济等神国的事而使用。

即使是在世上工作的人，神也会评价他的工程。身为教会的羊，用诚实的心做好自己分内的工作，归荣耀于神，大显其工程，便能得到相应的奖赏。神遍察所有的人，照着公义，正确评价各人的工程；谁显出金子的工程，谁是银子、宝石、草木的信心，祂都准确无误地作出评价。

第二是临到如火般的试炼之时。

当我们遇到试探患难时，就会在神面前显出自己的信心，有的显出精金般的信心；有的显出银子，或宝石般的信心；有的则显出草木，或禾秸的信心。

拥有精金般的信心的人，即使遇到巨大的试探和患难也不会摇动、绊倒。金子，即使碎了，裂了，也能使其复原，照样使用。同样，持有精金般信心的人，遇到试探患难时看似跌倒、沦丧，但能依靠信心，重新站立，他们无论遇到任何环境也不会埋怨神，反倒以喜乐和感恩的心去面对。

圣经上谁具有精金般的信心呢？

耶稣的大门徒彼得直至因传福音的缘故，倒挂十字架为主殉道，坚守对神的信仰。他虽曾三次不认主，但那是领受圣灵之前的事。领受圣灵后的彼得比谁都刚强壮胆，为主尽忠，直至为主殉道。

受圣灵感孕怀耶稣的童贞女马利亚也是具有精金般的信心的女人。路加福音1章31节以下，天使加百列对马利亚说："你要怀孕生子，可以给他起名叫耶稣。他要为大，称为至高者的儿子，主神要把他祖大卫的位给祂。祂要作雅各家的王，直到永远，祂的国也没有穷尽。"

这是神将有关耶稣降生的事透过天使长加百列告知童贞女马利亚的情形。于是马利亚回答说："我是主的使女，情愿照你的话成就在我身上。"

按照当时的律法，奸淫的人是要遭到乱石击杀。马利亚若婚前怀孕，肚子大起来，人们只能判断她犯了奸淫罪。但是马利亚丝毫没有惧怕，断然顺从了神的旨意。这是马利亚拥有精金般信心的表证。

外邦人的使徒——保罗也是具有精金般的信心的人。他自从遇见主以后，无论遇到任何试探患难也不屈不挠，以不变的心志，传扬福音，跑完信仰的道路。

使徒行传16章25节记载："约在半夜，保罗和西拉祷告唱诗赞美神，众囚犯也侧耳而听。"当时，保罗因传福音的缘故，受了重打，下在内监里，但他并没有埋怨神，反而祈祷、唱诗赞美神。

在极度的苦难中，他仍常常喜乐、凡事谢恩，且不以性命为念，为传扬主的福音而尽心竭力，这是因为他拥有了精金般的信心。具有银子般的信心的人，信心虽不及精金般的信心，但也能显出与其相应的信心。

具有宝石般信心的人会如何呢？他们在恩典充满，或病得医治时，立志为神献身，殷勤传道，祷告蒙了应允，还会告白要一心一意为神尽忠。

一听这些告白，看似已具备了精金般的信心，但实际上不是。他们一旦遇到试探就会改变，圣灵充满的时候看似有信心，但失去充满的时候，就判若两人，其信心就像破碎的宝石，只是一时显为美丽。另外，草木、禾秸的信心，一旦遇到火的试炼就被烧毁，因此是没有价值的信心。

第三是指主从空中降临，圣徒们被提到空中之后，进行赏赐审判时神总结各人信心的那日子。

神准确无误地测定我们在世的日子里为主忠心和圣洁的程度，便在审判的日子，照各人的信心，赐予公正的赏赐。

"人在那根基上所建造的工程若存得住，他就要得赏赐；"(3章14节)

当试探患难来临的时候，其工程不受其害的就是金、银、宝石的信心。用途虽然各异，但金、银、宝石有共同的特点，那就是不被火烧毁。其中最完好不变的是金子，其次是银子，再次是宝石。

如此，金、银、宝石能够在试炼中保存自己的形态，草木、禾秸则经不起试炼而被烧毁。我们若像金、银、宝石一样工程得以保存，就能得赏赐，不然就得不到赏赐。

如果在这地上忠于自己的使命，就能得教会的认可和相应的褒赏，就算没有奖励，也能得到神和弟兄们的称许，并且在天上得到神的赏赐。

我们遇到试探患难时，若拿出金、银、宝石般的信心，便是通过了试炼。神不仅用地上的美福祝福我们，在审判之日也以奖赏回报我们。即使遇到试探患难，只要工程得以存留，便能得到赏赐。

"人的工程若被烧了，他就要受亏损，自己却要得救。虽然得救，乃象从火里经过的一样。"（3章15节）

如草木、禾秸般的信心，一旦遇到火炼其工程必然被烧毁。例如：身为机关长或区域长，一年来作出辛劳，到了年终计算其功绩，却毫无成果，只是原地踏步，便是信仰不冷不热的明证。

启示录3章15-16节记载主对老底嘉教会不冷不热的信仰严加责备的内容。主切愿我们的信心日益火热，多结灵果。

神对信仰不冷不热，不忠于使命的人，给予怎样的待遇呢？圣经马太福音25章14节以下记载银子的比喻：领五千银子的人，另外赚了五千，于是主人称赞他说："好，你这又良善又忠心的仆人，你在不多的事上有忠心，我要把许多事派你管理，可以进来享受你主人的快乐。"反之，对那领了一千，却只留下本钱的人，主人责备他是又恶又懒的仆人，并夺过他的一千来，给了那有一万的，然后撵走那无用的仆人。正如本文所说"人的工程若被烧了，他就要受亏损"，那人就是受了亏损。

我们应当在神面前殷勤积累功绩，不然就会给神的圣工带来亏损。区域长若没有把工作做好，区域成员就要受亏损，因为灵魂不得兴盛，便经不起试探患难。

主的仆人若没有忠于使命，他所辖的羊群都要受到亏损。因此羊群中会出现信心软弱而跌倒的灵魂、遇见各种试探患难的灵魂。这样的人只能受神的责备，虽能得救，却象从火里经过的一样，因为还没有丧失信心，而且做了神的事，所以得救是能得救，但却是勉强得救。他们因在神面前没有赏赐可得，虽然得救，却是惭愧的得救。

毁坏神的殿，不得拯救

"岂不知你们是神的殿，神的灵住在你们里头吗？"（3章16节）

这里"你们"不单指哥林多教会的圣徒们，而包括所有神的儿女。大家是不是神的殿，有没有领受圣灵？

神的殿是圣洁主身体的祭坛。凡接待耶稣为救主的人，都有圣灵的内住。圣灵主管我们的心，帮助我们活在真理里面，引向天国。因为圣灵住在我们心里，所以神称我们为神的殿。

那么，使徒保罗为何责备哥林多教会的圣徒们说："岂不知你们是神的殿，神的灵住在你们里头吗？"

使徒保罗教导哥林多教会的教徒们不要做属肉体的人，而要做属灵的人。如前面所提，属灵的人是指心里领悟真理之道，并以此为粮，顺其而行的人。就是照神的道，祷告、敬拜，实践真理的人。我们只要离弃一切恶事，不说谎言，一心行善，就必显露功绩，得以具备精金般的信心。没能具备精金般的信心，至少要具备银子，或宝石般的信心，然而，哥林多教会的教徒们却仍然属乎肉体，从而受了责备。

"若有人毁坏神的殿，神必要毁坏那人，因为神的殿是圣的，这殿就是你们。"（3章17节）

这里说："若有人毁坏神的殿，神必要毁坏那人"，是针对所有信主的人说的。不信的人是魔鬼的儿女，与神毫不相干，也与救恩无缘，便没有谈论的意义。

如今许多教会错误地教导如此明确的神言。有些人说："领受了圣灵就能得救。一次得救的人即使他犯罪作恶，神就是管教责打也会使他得救。"这分明是误导羊群。人即使领受了圣灵，若故意犯罪，就会消灭圣灵的感动，以至不能得救（帖撒罗尼迦前书5章19节）。

那么，"毁坏神的殿"是什么意思呢？神的殿，即圣殿是神的心临在的地方，因此"毁坏神的殿"之意就是玷污我们有圣灵内住的心。

我们的心在哪里？我们身体里面有与我们形状相同的灵体。在这灵体里面存有的一切就是心，这里包含着良心，良心是人自己打造的判断是非的标准。

刚出生的婴孩是不存在良心的。他在深夜大哭，没有人会说他没良心。孩子在成长过程中，将所见所闻的通过意念栽种在心里。这就成为人判断价值的标准——良心。

"男子汉要有骨气，被人打了，定要还击。" 如果人从别人学了这样的道理，这就会成为他心里的判断价值的标准。如此，在我们所学习领受的判断标准中，违背神话语的事项实在很多。

因此，我们当果断地离弃心中的非真理，将神真理之道栽种在心里，并要离弃一切虚谎、仇恨、论断等非真理，照着真理的标准而行。

当我们顺着真理而行的时候，神的殿，即我们的心就会成为圣洁，否则恶仍然存留在心里，便被神看为污秽，会遭到神的毁坏。

说到这里或许有人想："我还没有完全离弃罪，难道我要灭亡吗？"不是的！心里虽有尚未离弃的罪，但只要他在努力离弃罪的过程中，神就喜悦他的行为。

假如一个动不动就发脾气的人，听了真理之道，醒悟自己是罪人之后，通过祷告不断减少发脾气的次数，神就不说他有罪，因为他若继续努力，终究会变成不发脾的人。

然而，虽明知发脾气是罪，却仍不离弃的人，神就要离弃他。因为这是没有信心的凭据。人若真正有信心，必然努力离弃罪。仇恨、嫉妒、纷争、论断等也不例外。我们只要时常用真理对照自己，发现不合神心意的部分，就靠火热的祷告，竭力将其离弃，就能使我们圣灵的殿，即我们的心变为圣洁。

这世界的智慧是愚拙的

"人不可自欺。你们中间若有人在这世界自以为有智慧，
倒不如变作愚拙，好成为有智慧的。"（3章18节）

神劝我们不要自欺。因为自欺就是欺骗自己的心，也是欺哄心
里的圣灵，也是欺哄神。

什么是自欺？是指明知神的道而不遵行的人。这类人因为是在
欺哄神，所以心里苦闷，没有喜乐，神的道也不觉得如蜜甘甜。他
们抱着"有朝一日我也能活在真理里面"这种茫然的期待，出席教
会。

圣经说主要快来，况且谁也料不到神什么时候把自己的灵魂
接走，因此基督徒不要活在茫然的期待中，而要听了道，就立刻决
断并去实践。

接着说："你们中间若有人在这世界自以为有智慧，倒不如变
作愚拙，好成为有智慧的。"

人若自以为有世上的智慧和明哲，神就认为那是骄傲。这类人因着自己的知识和骄傲的心，不领受神的道，终究要走向灭亡之路。人若以自己的智慧当先，用自己的经验和想法去解释神的道，便无法相信神的道。因此要把这种世上的智慧一概丢弃。

如前面所讲，这不是说叫人离弃所学的知识，而是叫人醒悟世上的智慧和知识是无法将人引入生命之路。惟独主耶稣才是我们的道路、真理和生命，世上的智慧或知识不过是对世上的生活有用，而不能将我们引入永生之路。

而且"倒不如变作愚拙"的意思是：叫人敞开心门，以小孩子般的心灵谨守遵行神的话语。就是叫人效法小孩子纯朴、谦卑的心。若变成这般属灵的小孩子，因为已将自己的智慧离弃净尽，所以能得到属天的智慧，走永生的道路。

这世上的一切都是注定腐朽消亡的。靠世上的智慧是无法走永生之路。因此，真正智慧的人是：离弃一切违背神话语的世俗的智慧，变作"愚拙"，活在神真理之道里面的人。

> "因这世界的智慧，在神看是愚拙。如经上记着说：'主叫有智慧的，中了自己的诡计。'又说：'主知道智慧人的意念是虚妄的。'"(3章19-20节)

路加福音16章记载：生前穿着紫色袍和细麻布衣服，天天奢华宴乐的财主，落入阴间在一滴水都得不到的火焰里受苦的情形。

这个人在世的时候或许在别人眼里是智慧人，但死后却在阴间永不止息的火焰中永世受苦，怎能说是智慧的人呢？

在世上自以为有智慧的人必然中自己的诡计。"诡计"是指以奸诈的计谋巧妙行骗。他们说"世界上哪有神？"他们因中了自己的诡计，便口出愚妄之言。他们不寻求神，只信靠自己的智慧，以至败坏灭亡。

接着说："主知道智慧人的意念是虚妄的。"人即便积累丰富的知识成为科学家、医学博士，或做了许多发明，积攒了巨大的财富，在神看来都算不得什么。

传道书1章2-3节说："传道者说：虚空的虚空，虚空的虚空，凡事都是虚空。人一切的劳碌，就是他在日光之下的劳碌，有什么益处呢？"；14节说："我见日光之下所作的一切事，都是虚空，都是捕风。"

人即使奋斗一生，取得辉煌成就，若不认识神，结局就是地狱，岂不是虚空又虚空！但若其里面有生命，将一切功劳、荣耀归于神，走天路历程，他所取得的成就，就不会归为虚空，其人生是真正有价值的人生。

"所以无论谁，都不可拿人夸口，因为万有全是你们的。"（3章21节）

神叫我们不要拿人夸口。信主的人除了耶稣基督以外就没有值得夸口的。一个人无论多么出色，有智慧，有名声，若其里面没有生命，一切便都是枉然。因此，耶稣爱税吏和娼妓胜过那些自称有智慧的大祭司或长老。

在马太福音21章31节，耶稣向祭司长和长老们说："我实在告诉你们：税吏和娼妓倒比你们先进神的国。"

祭司长和长老们居心高傲，自称有智慧，便无法领受真理的话语，且未能认出出现在眼前的救主。然而，税吏和娼妓们则因醒悟并悔改自己的罪而得到了救恩。因此，拿人夸口是无益的，夸口的，应当指着主夸口。

"万有全是你们的"，此话所表明的意思是：万有本来全是神的，但因神成为我们的父，天下万物便也是属于我们的。因为当万物复苏的时候神必将万有全赐给我们。

完全成就真理的心，灵魂兴盛的人，在世的日子里，万有就像自己的一样。如诗篇37篇4节所说："又要以耶和华为乐，他就将你心里所求的赐给你。"凡事都顺着他们的心愿成就。神把我们当作祂居住的圣殿，因此我们若洁净心灵圣殿，并以神的心为心，天下万物就全是我们的了。

"或保罗，或亚波罗，或矶法，或世界，或生，或死，或现今的事，或将来的事，全是你们的。并且你们是属基督的；基督又是属神的。"(3章22-23节)

或保罗，或亚波罗，或矶法（彼得），他们都是主的仆人，因此不必分保罗派、亚波罗派、矶法派。世界是父神的，便是我们的。而且，生命在我们里面，死亡也在我们里面，因为凡有血气的注定都有一死。

　　这在属灵上也是同理：我们因信耶稣基督，走生命之路，然而离开神，死亡便重新临到我们，由此看来，生命和死亡在于我们的选择，便是属于我们的。现今的事，或将来的事也是我们的。还说："并且你们是属基督的；基督又是属神的。"因为万有都是藉着耶稣基督造的（哥罗西书1章16节）；我们又是属耶稣基督的；耶稣基督又是属神的，因此凡信的人都是属神。而且天下万物全是神的，因此也是我们的。

第四章

你们该效法我

义工的本分

人应当以我们为基督的执事，为神奥秘事的管家。所求
于管家的，是要他有忠心。"（4章1-2节）

这里"人"是信的人和不信的人都包括在内。那么，什么样的
人是"基督的执事"？首先是神的仆人。神的仆人身为神奥秘事的
管家，理当发出基督馨香之气，作众人的楷模。

其次，基督的执事是指所有在教会任职的人。不过，没有职分
的人，也要发出基督馨香之气，尽神儿女的本分。

那么，"神奥秘事的管家"是什么意思呢？所谓"神奥秘事"
是指"十字架的道理"。哥林多前书2章7节说："我们讲的，乃是
从前所隐藏、神奥秘的智慧，就是神在万世以前预定使我们得荣
耀的。"这段经文中"万世以前所隐藏、神奥秘的智慧"就是指十
字架的道理。

亚当起初被造为有灵的活人，但因犯了不顺从的罪，在其身上

作主的灵死了，这导致全人类按着罪的工价，走灭亡之路。慈爱的神，为了拯救因罪而沦丧的全人类，便在万世以前预备了耶稣基督。

距今约2000年前，这隐藏的奥秘通过耶稣基督在十字架上尽显无遗。圣经中蕴藏着许多将我们引入生命之路的奥秘。神就是称那些领会这些奥秘的人们为"神奥秘事的管家"。

第2节说："所求于管家的，是要他有忠心。"这里"管家"就是神奥秘事的管家。我们通过聆听和学习神的道认识到"向万民传福音"的主的命令，并且随着灵命的增长会在教会里担任主教师、诗班、执事、劝事、长老等职分。

我们不仅要忠于传福音的使命，也要做好教会的职分，神对至死忠心的人应许生命的冠冕（启示录2章10节）。

忠心是指尽心、尽性、尽意、尽力完成使命。按劳得工价的工人做好自己分内的工作，这不叫忠心。当一个人不惜奉献时间和物质，超越完成所托付于自己的使命时，这才叫忠心。

人得称为义的原因

"我被你们论断，或被别人论断，我都以为极小的事，连我自己也不论断自己。我虽不觉得自己有错，却也不能因此得以称义，但判断我的乃是主。"（4章3-4节）

大家被别人论断，是大事还是小事？如果有谁论断大家，他就是恶人，因为他是在违背神的话语。如果他是活在真理里面的人，一定会一心顺从神的话语，从不论断、猜测或批判他人。

我们活在真理里面，却遭人论断，这对我们来说是极小的事。因为我们并没有违背真理，只是恶人因不顺心而对我们妄加论断，所以神不会说我们有罪，仇敌魔鬼也抓不到任何控告的把柄，我们也不需要悔改。

但使徒保罗为什么不说"算不得什么"，而说是"极小的事"呢？

路加福音6章27-28节说："只是我告诉你们这听道的人，你们的仇敌，要爱他；恨你们的，要待他好；咒诅你们的，要为他祝福；凌辱你们的，要为他祷告。"

我们虽然无可责备，但那论断的人是心恶的人。因此，我们应当用爱心为他求神，使他不至灭亡。这就是保罗不说"算不得什么"，而说"极小的事"的缘由。

4节说："我虽不觉得自己有错，却也不能因此得以称义，"。

一个人若分明遵行神的道，活出真理，自然查不出自己哪里有错，因为其信仰生活符合七灵的衡量标准。

"七灵"是指对人信心、喜乐、祷告、感谢、诫命、忠诚、爱心等七个方面进行测定的神的心。神的七灵鉴察并测定我们遵行神话语与否。我们若想所求的蒙应允，必须要通过这七个方面的测定标准（启示录5章6节）。

如果我们在生活中活出真理之道，自觉行为符合七灵的标准，便无可指摘，无可论断。

可为什么说"却也不能因此得以称义"？人得称为义是因信耶稣基督，是惟独因着神恩才成的（加拉太书2章16节；罗马书10章10节）。罗马书3章24节说："如今却蒙神的恩典，因基督耶稣的救赎，就白白地称义。"

人非有信，就不能得称为义，也不能得神的喜悦。一个人即使救济助人，热心忠诚，若没有信心，就得不到任何赏赐。

除了神以外无人能测度人的信心。人是根据外表判断人，因此其判断不会准确。看到在教会热心忠诚侍奉的人，人们往往随意判断此人信心好。

但若此人有一天经不起试炼而投奔世界，便是证明他过去的行为并不是出乎信心。他若是真正凭着信心忠于使命，必然结出与其相称的果子来，就不会离开神。因为人是单纯地根据外表进行判断，所以无法做出正确的判断，惟独鉴察人内心的神才能做出正确的判断。

人的判断不正确的另一个原因是：人用违背真理的世上的智慧或价值观进行判断。这就像用有故障的量器去量东西。然而，神鉴察人的内心，并用真理的标准进行测定，因而能做出准确无误的判断。正如保罗所说："但判断我的乃是主。"惟有神和主才有资格判断我们。

> "所以，时候未到，什么都不要论断，只等主来，他要照出暗中的隐情，显明人心的意念。那时，各人要从神那里得着称赞。"（4章5节）

这里"时候未到，……只等主来，"是指主从空中降临的时候。"暗中的隐情"是指罪、违背真理的一切。主从空中降临的时候，这一切将尽显无遗。那些属黑暗的人们在那日无法被提到空中，被提到空中的人们则在圣洁无暇的主面前显明其心里的圣洁程度。

主从空中降临的时候各人要照着所行的得着称赞。各人按着凭信心爱神并忠于神、传道、祷告的程度，得到相应的称赞。本文说"时候未到，什么都不要论断"。教会遭遇试探是因为互相论断、嫉妒、纷争的缘故。圣经屡次告诫人不可按照自己的意思去论断弟兄。

不可过于圣经所记

"弟兄们，我为你们的缘故，拿这些事转比自己和亚波罗，叫你们效法我们不可过于圣经所记，免得你们自高自大，贵重这个，轻看那个。"（4章6节）

圣经的道，就是神的心和旨意。使徒保罗和亚波罗给圣徒们传讲神圣经的道，并以身作则，实践神道，做了众人的榜样，免得圣徒们被照着人意写的书籍或虚谎的教导所绊倒。

保罗和亚波罗都给圣徒们教导些什么呢？他们所教导的是耶稣为了解决我们罪的问题和赐永生与救恩而降世的事。并且强调神的儿女既然相信这一事实，就应当遵行神的话语，过圣洁的生活，以便获得救赎的资格。

然而，有些人却不领受这些道理，反倒排斥和敌对。人不活在真理里面，远离神的道，顺着自己的意念生活，就是敌对神。

神吩咐我们要守安息日为圣日，但有的人认为只献上主日上午礼拜，适当地信就行了；圣经上分明叫人呼求祷告，有的人却认为安静地默祷更好，而不呼求祷告。

撒母耳记下12章9节，当大卫违背神的话语时，神对他说："你为什么藐视耶和华的命令，行祂眼中看为恶的事呢？"大卫违背神的话语，神就责备他藐视神，作了恶。如此，照自己的意思行事的人就是敌对神的人。

敌对神的人无疑是一个骄傲的人。他们因认为自己的学问对、观念对，便敌对神的道。他们自己成为神，审判世界，这岂不是骄傲至极！"骄傲在败坏以先；狂心在跌倒之前"。（箴言16章18节）骄傲的人必然会被神厌弃。

"使你与人不同的是谁呢？你有什么不是领受的呢？若是领受的，为何自夸，仿佛不是领受的呢？你们已经饱足了，已经丰富了，不用我们，自己就作王了。我愿意你们果真作王，叫我们也得与你们一同作王。"（4章7-8节）

保罗说"使你与人不同的是谁呢？"保罗是在问："谁使你们分为亚波罗派、保罗派、矶法派、基督派？又给你们分出高低来？"保罗是在谴责他们是出于骄傲而分门别类，分派纷争。结党纷争就是撒但的作工。

神所分别的是罪和义；死亡和永生；光明与黑暗。神叫人分别真理和非真理，并非叫人分派别、分高低。

保罗向着虽然正确教导真理，却不遵行神真理之道的哥林多教徒们说："我如此教导你们真理，你们有什么不是领受的呢？我为人师表，给予你们真理的教导，然而看你们的结果，即你们的行为，你们倒如同没领受真理。"

　　并说："你们既然领受了真理，却为何自夸，仿佛不是领受的呢？看你们的行为跟世上的人没什么两样，你们不走义路，心高气傲，接受撒但的作工，这成何体统？神的儿女有什么可自夸的呢？夸口的，应当指着主夸口。"

　　当我们活在真理里面的时候，自然会成为饥渴慕义的人。三伏天汗流浃背，口中干渴，就会渴望有水喝。军训的时候，士兵们实在口渴难耐时，就连路边水坑里的水也会去喝，只要能解渴，哪怕脏水也不介意了。

　　于此同理，对真理感到饥渴的人，就应该谦卑服侍他人。然而，哥林多教会圣徒们正与之相反，他们爱世界胜过爱慕真理，心里骄傲，为世上的知识、财富和智慧而夸口。

　　对此8节说："你们已经饱足了，已经丰富了，不用我们，自己就作王了。"哥林多教会的圣徒们已经到了自己作王的地步，可见他们是何等的骄傲！他们不是饥渴慕义而虚心的人，乃是饱足而丰富的人，他们正在与真理背道而驰。

　　教会里面有神所立的次序，可是哥林多教会的教徒们却肆无忌惮地自己作了王，于是保罗责备他们没有领受真理，因为听道而不行道，那信心就是死的。

那么，我们何时作王？

"在头一次复活有份的有福了、圣洁了，第二次的死在他们身上没有权柄。他们必作神和基督的祭司，并要与基督一同作王一千年。"（启示录20章6节）

在主从空中降临的时候，接待耶稣基督为救主的人们将被提到空中，并在空中举行七年婚姻筵席。七年婚宴结束之后他们要迎接千年王国，并要与主一同作王。

"我愿意你们果真作王，叫我们也得与你们一同作王。"这话就是使徒保罗带着上述的属灵意义而说的。就是在劝勉哥林多教会的圣徒们说，若想得到救恩，在千年王国到来之时与我一同作王，那就不要现在作王。

使徒保罗是活在真理里面，明白神的旨意，领悟救恩和永生之道的人。本应当由保罗作王，将他们引入真理里面，可他们却把保罗置之度外，互相争辩是非，居心骄傲，自己作王，可想而知将来他们的结局会如何。保罗提醒他们如果这样下去就会与他不相干，将来无法在千年王国与他一同作王。

保罗其实是在教导他们说："我所教导你们的都是真理，所以你们应当学习领受这些真理，并去实践，才能得救，被提，并能在千年王国与我一同作王。"

"我想神把我们使徒明明列在末后，好象定死罪的囚犯；
因为我们成了一台戏，给世人和天使观看。"（4章9节）

你们该效法我

111

人的意念有两种：一是属灵的意念；二是属肉的意念。属灵的意念是：心里浮现的真理，被择定而传输到意念中的状态。活在神里面的人，即属灵的人，因住在其心里的圣灵主管他的心，便出现属灵的意念。反之，不活在真理里面的人，通过撒但所注入的意念，先浮现栽植在心里的非真理。这就是属肉的意念。

使徒保罗说"我想"，这个"想"就是意念，是完全属灵的意念，而非人的意念。保罗的意念被圣灵所主管，故他的想法是正确的想法，是真理的想法。

前面提到，"使徒"是指全然成就神旨意的仆人。查考圣经就能发现真主仆当走的道路。列王纪上19章21节记载以利沙蒙召之时的情形：以利沙蒙以利亚先知呼召时，立刻宰了一对牛，焚烧套牛的器具煮肉给民吃，随后就起身跟随以利亚，服侍他。

我们看耶稣的门徒。马太福音4章18-22节记载：耶稣呼召约翰和其兄弟雅各为门徒时，他们立刻舍了船，别了父亲，跟从了耶稣；使徒保罗在加拉太书1章16节告白自己蒙主呼召做使徒的时候"没有与属血气的人商量"。

如此，如果是真正的神的仆人，就应该彻底顺从神的话语。我们只要全然顺从神，一心遵照神的旨意而行，就能成为圣洁、属灵的人，并能从神领受权能。

一个人尽管不是主的仆人，只要他全然遵行神旨意，神就认定他为使徒。这样的人身上会有神的权能随着。腓力执事和司提反执事就是其例。

接着说："我想神把我们使徒明明列在末后，好象定死罪的囚犯；因为我们成了一台戏，给世人和天使观看。"

如今对死刑日期已定的犯人，会给他成全最后的心愿，提供衣物、香烟等，予以善待。然而，在初代教会时代，对那些定死罪的囚犯却是百般地凌辱和虐待，并施以严刑拷打、非人的待遇。

或将活人喂饥饿的狮子，或讥诮、嘲弄、吐唾沫、扔石头……他们所受的痛苦和委屈何以形容！使徒们被斩首而死；或钉十字架而死；或被捆在尸体上，闻着尸体腐臭味，渐渐死去。

使徒们预知自己见证十字架和耶稣的复活之后，最终将会悲惨地死去，于是说："我想　神把我们使徒明明列在末后，好象定死罪的囚犯；因为我们成了一台戏，给世人和天使观看。"

掌管世界的是谁？就是神。神借着众天使掌管着世界。因此，当使徒保罗，或主的门徒们受蔑视和嘲弄，悲惨地死去的时候，神都看在眼中，而且天使也在观看，世人也在观看。

那时人们岂不会嘲弄使徒说："你既然能行异能，为何就这样悲惨地死去呢？"使徒保罗死去的时候也成为看热闹的对象。

使徒保罗、彼得，或其他使徒们面对死亡的时候是什么心情呢？他们提前知道自己会怎样死。彼得预知自己要钉十字架而死；保罗预知自己上耶路撒冷就会被交在外邦人的手中，但因为那是神的旨意，他们便丝毫不惧死亡，而甘心顺从（使徒行传21章7-14节）。

神记录这段经文的目的，是要叫人知道注定殉道之人的心态

你们该效法我

如何。他们明知自己的结局而作神的工作，会是什么样的心情？

透过圣经我们可以了解使徒们的心。他们虽然受打遭害，却仍感恩、赞美神，被喂狮子的瞬间也赞美神，喜乐地死去。主在马太福音5章11-12节说："人若因我辱骂你们，逼迫你们，捏造各样坏话毁谤你们，你们就有福了。应当欢喜快乐，因为你们在天上的赏赐是大的。在你们以前的先知，人也是这样逼迫他们。"

使徒们之所以能够在任何状况中都能欢喜快乐，是因为他们明白这个世界是暂存片刻的虚空的世界，并且向往所要得的天国的奖赏。这就是真正的信心。圣经说因着主的名受逼迫，是有福的，因为天国的赏赐是大的，我们怎能不欢喜快乐呢？

不过，使徒们因为预知自己的死期，便看着时间的流逝，心里甚是焦急。他们这样不是因为惧怕死亡，而是因为拯救灵魂的时间有限，救人心切，专以领人归主为念。

他们为了显明活神的见证，殷勤传播福音，时常为多拯救一个失丧灵魂而焦心劳思，倾尽生命为使命尽忠。

耶稣又如何？希伯来书12章2节说："仰望为我们信心创始成终的耶稣(或作"仰望那将真道创始成终的耶稣")，他因那摆在前面的喜乐，就轻看羞辱，忍受了十字架的苦难，便坐在神宝座的右边。"

耶稣身为神子，居然从受造的人类受尽讥诮、蔑视和嘲弄，最终在十字架被人处死，这是何等大的耻辱！如果主人被自己的仆人们殴打、讥诮和嘲弄，这是多么羞愧的事！

尽管如此，耶稣为了拯救灵魂，就轻看羞辱，甘心乐意钉死在十字架，最终坐到神宝座的右边。我们也当效法主，无论遇到什么事，只要那是神的旨意，就要轻看羞辱，大胆向前。

你们该效法我

"我们为基督的缘故算是愚拙的，你们在基督里倒是聪明的；我们软弱，你们倒强壮；你们有荣耀，我们倒被藐视。"（4章10节）

在此"我们"是指使徒保罗或其同工亚波罗，以及所有合神心意的主的仆人。不仅如此，也包括所有具备信心，遵行神旨意的人。

保罗说"我们为基督的缘故算是愚拙的"是什么意思呢？

这是指在那些不信的世人，或自称信神却不遵行神道的人看我们是愚拙的。例如：被人打了脸，一般人会非常恼怒。但真正有信心的人，哪怕是无辜被打，也会照着神"有人打你的右脸，连左脸也转过来由他打"的吩咐，忍耐并理解对方，然而这在世人眼里是愚拙的。

接着说："我们为基督的缘故算是愚拙的，你们在基督里倒是聪明的"。这是在点醒哥林多教会的教徒们虽说是信神，却没有活在神的话语里面。

如果哥林多教会的教徒们若能遵行"有人打你的右脸，连左脸也转过来由他打"这一神言，一定不会被世人看作聪明。

接着说："我们软弱，你们倒强壮"，意思是：使徒，即活在神真理里面的人软弱，不活在真理里面的人倒强壮。保罗是在点醒他们说："你们现在不活在真理里面，自做刚强，以为靠自己的力量和才干凡事都能。"

哥林多后书13章4节说："祂因软弱被钉在十字架上，却因神的大能仍然活着。我们也是这样同他软弱，但因神向你们所显的大能，也必与他同活。"

耶稣极为强壮，祂能使瞎眼的看见、瘫子行走，大麻风得洁净、耳聋的听见，死人复活，且能用一句命令使狂风大浪平静。

可为何说"祂因软弱被钉在十字架上"呢？

如果耶稣强壮，显出自己的能力，便无人能把耶稣钉在十字架上。在耶稣被捕的那天夜晚，彼得拔出刀来，将大祭司的仆人砍了一刀，削掉了他一个耳朵（马可福音14章47节）。此时耶稣说："到了这个地步，由他们吧！"就摸那仆人的耳朵，把他治好了（路加福音22章51节）。并且表明祂可以求父神，现在就为祂差遣十二营多天使来救自己（马太福音26章53节）。

如果耶稣被捕不是神的旨意，祂就会驱走那些敌对自己的人们。耶稣是神子，祂极为强壮，凡事都能，有足够的能力这么做，但祂为了成就神的旨意而故意软弱。这一切都是为了代赎我们的罪。耶稣若强壮就无人能把耶稣钉在十字架上。但耶稣却故意软弱，甘心接受十字架的刑罚，因为只有这样才能赎出我们脱离罪和死亡权势。

保罗和使徒们为了拯救灵魂，不得不软弱。使徒保罗说："我在你们那里，又软弱，又惧怕，又甚战兢。"（哥林多前书2章3节）又说："我若必须自夸，就夸那关乎我软弱的事便了。"（哥林多后书11章30节）

大家要夸自己什么呢？要夸自己强壮吗？愿大家夸自己在主里面软弱的事。强壮只能让人骄傲，显出自己的义。故此，我们应当在真理里面自己软弱，存心谦卑、服侍众人、看别人比自己强。总而言之，我们软弱乃是为了以善胜恶。

但要记住的一点是：我们应当具有宽容的心，被人打了右脸，应该用爱心理解对方，将左脸也转过来由他打，但对羞辱神荣耀的事可不能容忍。

约翰福音2章14-15节记载，耶稣看见殿里有卖牛、羊、鸽子的，并有兑换银钱的人坐在那里，就拿绳子作成鞭子，把牛羊都赶出殿去，倒出兑换银钱之人的银钱，推翻他们的桌子。

耶稣本为爱，温良柔顺，但祂没有容忍人们在圣殿里经商，因为那是羞辱神荣耀的事。我们应当正确认识真理，断然阻止那些羞辱神的事，或给主身体的教会抹黑的事。

保罗接着对哥林多教会的教徒们说："你们有荣耀，我们倒被藐视。"当时使徒们常受逼迫,挨打,挨石头打,被人咒骂等,处于受人蔑视的卑贱境地。

如今在神面前信实的仆人也是如此。神的仆人彰显神迹奇事,仇敌魔鬼撒但就极其恨恶,就千方百计地亵渎和毁谤。

而且在信的人当中也有一些人因自己没有神迹随着,就出于嫉妒进行亵渎毁谤。因着这些事,真实的神的仆人和虔诚的圣徒们有时会处在卑贱的境地,保罗时代也是如此。

"他们是基督的仆人吗(我说句狂话)?我更是。我比他们多受劳苦,多下监牢,受鞭打是过重的,冒死是屡次有的。被犹太人鞭打五次,每次四十,减去一下;被棍打了三次,被石头打了一次,遇着船坏三次,一昼一夜在深海里。又屡次行远路,遭江河的危险、盗贼的危险、同族的危险、外邦人的危险、城里的危险、旷野的危险、海中的危险、假弟兄的危险。受劳碌、受困苦,多次不得睡,又饥又渴;多次不得食,受寒冷,赤身露体。"(哥林多后书11章23-27节)

打的人是强壮的,挨打的保罗是多么软弱而愚拙!保罗受凌辱挨打是因为软弱,也是因为卑贱,若尊贵、强壮就不会挨打。

保罗虽然"又饥又渴;多次不得食,受寒冷,赤身露体",但这些他都能甘心忍受,惟独使他痛苦的是,为众教会挂心的事。

"除了这外面的事,还有为众教会挂心的事,天天压在我身上。有谁软弱我不软弱呢?有谁跌倒我不焦急呢?我若必须自夸,就夸那关乎我软弱的事便了。"(哥林多后书11章28-30节)

保罗所夸的是关乎自己软弱的事。我们也应当夸自己的软弱，而不夸自己的强壮。

> "直到如今，我们还是又饥、又渴、又赤身露体、又挨打、又没有一定的住处，并且劳苦，亲手作工。被人咒骂，我们就祝福；被人逼迫，我们就忍受；被人毁谤，我们就善劝。直到如今，人还把我们看作世界上的污秽，万物中的渣滓。"（4章11-13节）

这里"又饥，又渴"有属灵的含义。饥饿并非因没有食物，而因不得神的供应。

例如：教会里有些圣徒虽生活富足，但过"饥渴"的生活。他们为了神的国尽力献上宣教奉献金、建堂奉献金等，自己却过极为简朴的生活。

当时保罗一边亲手作工，一边宣传福音、开拓教会。而且保罗是在福音还未传开，信耶稣的人被抓会被处死的环境中开拓教会。因为要到无人认识耶稣的地方去传福音，所以无人欢迎，无人供给。

于是保罗只好一边作工赚钱，一边传福音。就这样保罗一边靠自己的技术赚钱，一边传福音，被人咒骂，他就祝福；被人逼迫，他就忍受。

保罗说："被人咒骂，我们就祝福"。圣经吩咐基督徒在因主受逼迫的时候反倒要欢喜快乐（马太福音5章11-12节）。马太福音5章44节说："只是我告诉你们：要爱你们的仇敌，为那逼迫你们的祷告。"我们应当爱我们的仇敌，为逼迫我们的人祷告祝福。

13节说："被人毁谤，我们就善劝。"意思是：当遭人毁谤的时候，要用智慧的言语进行劝勉或提醒，而不要以恶报恶，一起毁谤，要用爱心劝勉、提醒，并祝福。

这样我们就能与众人和睦，不受撒但的引诱，心里平安，凡事喜乐和感恩。因此，我们不应该因别人的缘故心里受伤、入迷惑、忧苦和沮丧。

不过，保罗说他这样做的结果"人还把我们看作世界上的污秽，万物中的渣滓"。那么，这是什么意思呢？

人们对待宠物狗，或观赏鸟或鱼，精心喂养，悉心呵护，付出爱心，倾注心血；喜爱花卉或树木的人也不辞辛劳地为其杀虫、浇灌、施肥、除草。它们虽是植物，但能悦人眼目，使人心安神怡，从而得人的喜爱。

可是身为万物之灵长的使徒们，甭说受人爱戴，反倒受人辱骂、逼迫、咒诅、挨打。连动植物都受人喜爱，使徒们却受到连万物中的渣滓都不如的待遇。

他们传扬生命之道，医治许多疾病，给许多人排忧解难，广行善事，本应当受人尊敬和爱戴，可却被人说成是异端、传歪门邪道，并且四处逃避。保罗将此形容为："人还把我们看作世界上的污秽，万物中的渣滓。"

你们该效法我

121

"我写这话，不是叫你们羞愧，乃是警戒你们，好象我所亲爱的儿女一样。你们学基督的，师傅虽有一万，为父的却是不多，因我在基督耶稣里用福音生了你们。"（4章14-15节）

这里保罗在阐述着写这封书信的目的。他说写这封信的目的不是要叫哥林多教会的圣徒们羞愧，乃是要像父亲爱自己的儿女一样，用责备和劝勉，使他们醒悟真道。

15节说："你们学基督的，师傅虽有一万，为父的却是不多，因我在基督耶稣里用福音生了你们。"

"父亲"是其儿女整体生活的保障者——直到儿女长大成人，解决其衣食住行，进行教育开导。然而，师傅与为父的不同，只管教导，不管其他。

如今的教会也是师傅多，为父的甚少，即教导神道的主的仆人多，给圣徒们栽植信心，助长灵命，直至成为真理的人，进入属灵的境界，以高度的责任心教导群羊的主的仆人则为数不多。

使徒保罗说自己用福音生了哥林多教会的圣徒们。难道保罗是哥林多教会圣徒们之父吗？人生了儿女，就成为其父母；保罗用福音生了他们，自然就是他们灵里的父。

胎儿产生的过程如下：精子和卵子结合后从母胎中吸收养分，形成筋疲肉骨，并形成眼睛、鼻子、嘴、头发等。满了十个月孩子出生直到长大成人，需要父母的照料和服侍。因此，"生"不仅意味着生产，也包括一切养育和服侍的过程。

那么，"我在基督耶稣里用福音生了你们"此话具体指什么呢？

我们接待耶稣基督，领受圣灵，便有生命的种栽种在心里。如同撒在田间的种子生根，发芽，开花，结果一样，落在心里的神的道，即生命的种也会日益生长。

那么，生命的种通过什么样的过程得以生长呢？刚刚接待耶稣基督，领受圣灵的人可以比作初生的婴孩，虽信心的分量很小，但通过神的道，信心逐渐成长，从婴孩的信心长成小子的信心、少年人的信心，以至父老的信心（约翰一书2章12-14节）。

起初听了神的道也不明白的人逐渐领悟神的道，并将神的道存在心里，就能在真理里面得到变化。

从前耳、目、手、脚仰望并随从世俗的事，行不义的事，如今却喜欢仰望真理，顺从真理，努力成为只有善念、善谋、善言的人。

这种变化是怎么来的呢？我们通过讲台上宣讲的道，领悟神的旨意，生命便得以更新，由属肉的人变成属灵的人；由属血气的人变成属真理的人，这就是"用福音生了你们"所包含的意义。

本来我们灵里的父只有一位，就是我们在天的父神。但对用福音生我们的人，我们也可以称他为灵里的父。也就是说：在根本上讲只有神才是我们的父，但教导养育我们，用福音生我们的主的仆人，我们也可以称他为灵里的父，只是两者层次不同。

"所以我求你们效法我。"（4章16节）

保罗在哥林多前书11章1节也说："你们该效法我，象我效法基督一样。"但此话中附有前提条件。比如：父亲若对自己诚实的为人、成功的人生感到自负，就会教导其儿女说"你们要效法我"。

反之，父亲若时常耍酒疯，斗殴闹事，觉得自己当之有愧，便无法教导儿女效法自己，而会劝他们效法出色的人物。

使徒保罗用为父的心肠，对用福音而生的哥林多教会的圣徒们劝勉说："我求你们效法我。"因为他已模成耶稣基督的形像，便能如此坦然地教导他们。

在此，"效法我"的意思是："你们要以爱神为至上，就像我以爱神为至上一样；你们要至死忠心，就像我为主至死忠心一样"。

如哥林多后书11章所说，保罗因基督的缘故，成为愚拙、软弱、卑贱、又饥又渴、赤身露体、多次挨打、受人逼迫也不咒诅，反倒为他祷告；被人辱骂，反倒为他祝福。

如此，保罗凡事都顺着真理而行。他爱神，遵行神的话语，以耶稣基督的心为心。保罗就是叫人效法他这些方面。

效法保罗就是效法耶稣的性情；效法耶稣的性情就是效法神的性情，就是与神的性情有分（彼得后书1章4节）。

这跟门徒腓力求耶稣将父显给我们看时，耶稣对他说"人看见了我，就是看见了父"是同一个道理，因为耶稣单单照神的旨意而行，以神的心为心。我们也应当热爱神，并顺着真理而行，以至能像使徒保罗一样堂堂正正地说"你们当效法我"。

"因此我已打发提摩太到你们那里去；他在主里面，是我所亲爱、有忠心的儿子，他必提醒你们，记念我在基督里怎样行事，在各处各教会中怎样教导人。"（4章17节）

称提摩太为"我所亲爱、有忠心的儿子"，是因为使徒保罗特别钟爱提摩太，并用真理之道，将他悉心栽培，提摩太则效法使徒保罗，遵行真理，成为信实的人。

使徒保罗差遣提摩太到哥林多教会，叫他将保罗在各处各教会所传讲的道去教导那里的圣徒们。保罗在各处各教会中教导人，并不意味着他对每个教会都有不同的教导。保罗无论到哪个教会，惟独传讲神的道和十字架的道理，以及复活，并且实践神的道。

那么，提摩太必提醒众人，记念保罗"在各处各教会中怎样教导人"，此话是什么意思呢？提摩太效法保罗的行为，活在真理里面，并将从保罗学习领受的教导众人。

例如：保罗教导他为了蒙神应允，要禁食，通宵祷告，呼求祷告，并且以身作则，为人师表。提摩太也照着保罗的教导去教导人，并且实践真理，做了榜样。

保罗救济穷人，教导、勉励和扶持入迷惑的人或陷入困境的人，提摩太也效法保罗去救济穷人，教导、勉励圣徒们。

人们可以从提摩太的形像看见保罗的形像。保罗虽然没有与哥林多教会圣徒们同在，但圣徒们看着提摩太的行为，便想到保罗也会这样行。

神的国乃在乎权能

"有些人自高自大，以为我不到你们那里去；然而主若许我，我必快到你们那里去；并且我所要知道的，不是那些自高自大之人的言语，乃是他们的权能。"（4章18-19）

使徒保罗建立哥林多教会之后前往亚细亚传道。其间哥林多教会的一部分教徒们变得自高自大。他们以为使徒保罗不会再到哥林多教会来，便自作主张，独断专行。这表明他们在轻慢上下次序，已变得心高气傲。

这是每个人都要铭刻在心、当作借鉴的重要部分。这类事如今也屡见不鲜。骄傲是在人不知不觉中一点一点产生的，以至过甚，就变得非常明显，此时本人却觉察不到自己的骄傲。因此我们时常要用神真理之道省察自己。下面的人不能对上面的人失礼；独断专行地处理所有的事也是不合宜的。

19节记载使徒保罗因哥林多教会圣徒们变得自高自大，阻挠神的工作，羞辱神的荣耀而甚感焦急的心情。保罗巴不得立刻跑过去打破他们的骄傲，但他因为身处以弗所，受时间和距离的限制而难以如愿。

使徒保罗通过多次体验，深知没有主的允许，无论做何事，都是徒然的。当使徒保罗打算到亚细亚传道时圣灵禁止他去。他在夜间看见异象，有一个马其顿人站着求他说："请你过到马其顿来帮助我们！"保罗便顺着主的旨意前往欧洲传道（使徒行传16章6-10节）。

凡领受圣灵的神的儿女，随着脱去心里的非真理，成就真理的心，就能越加清晰听到圣灵的声音。听圣灵之声音的人，凡事不照自己的意思而行，而顺着圣灵的声音而行。

人虽然听到了圣灵的声音，却照着自己的想法、理论和经验运作事情，神就会拦阻此事，便不能成就。此时，人若醒悟这不是神的旨意，并立刻回转，就能免遭试探患难，得到神的祝福。

听不清圣灵声音的人，就因从头到尾靠自己的意念行事，便无法圆满成就所计划的事。他们虽因圣灵在叹息，心里苦闷，却以为那是自己心情不好所致，就继续推行事宜，以致陷入困境。

接着说："然而主若许我，我必快到你们那里去；并且我所要知道的，不是那些自高自大之人的言语，乃是他们的权能。"这里说的"权能"和20节所提及的"权能"在意义上有区别。这里"要知道他们的权能"之意是：要知道他们的行为和诚实。我们遵行神的话语，单靠自身的努力是不行的，必须要得着神的能力。

回想一下我们起初接待耶稣基督，蒙恩得救的那个时候。接待耶稣基督，领受圣灵以后，我们开始学习领会神的道。此时，我们会下定决心从此以后要好好遵行神的话语。然而，事实上却很难做到。因为心里虽然愿意，但尚未具备实践神道的能力。

此时，我们若不住地祷告，领受从上头来的恩典与能力，就能一一遵行神真理之道。然而，即使是老信徒，若不祷告，就无法领受属天的能力，便无法照着神的话语生活。

因此，我们若想谨守遵行神的道，得享蒙福的人生，必须要不住地祷告，但不能只在圣灵充满的时候祷告，失去充满的时候就停止祷告，而应当照常、不住地、专心地祷告。

耶稣照常上橄榄山祷告，我们也应当照常不住地祷告，充足祷告量。随着祷告量的增加，我们跟神的交通会越发深入，以致灵魂兴盛，得到行道的能力。

"因为神的国不在乎言语，乃在乎权能。"（哥林多前书4章20节）

这里说的权能，是比上述的权能更高层次的权能。这里说："神的国不在乎言语，乃在乎权能。"

如今很多教会讲台上的侍奉仿佛是一场演讲秀，这已是非常普遍的现象。然而，"神的国不在乎言语，乃在乎权能"，无论怎样超群绝妙的口才，也都是徒劳无功的。

初代教会的使徒们并非有出色的口才。渔夫出身的彼得，既不是能说会道，也没有丰富的知识。然而，当神的权能临到他的身上时，他竟能做出一天使三千人悔改归主的壮举。使徒保罗也没有口才，但他有从神领受的权能，便能克服初代教会当时重重困难，奠定了世界福音化的基础。

如今也一样，神的国只在乎权能，靠渊博的世上的知识，或超群的智慧，是无法拯救许多灵魂；靠人的口才，或智慧是无法兴旺神的国度，也无法战胜仇敌魔鬼撒但。

使徒保罗在哥林多前书2章4节说："我说的话、讲的道，不是用智慧委婉的言语，乃是用圣灵和大能的明证，"。保罗虽在迦玛列门下学了许多学问，但他将那一切知识都当作粪土而丢弃。

那么，"权能"到底是什么？为何能够给人栽植信心，拯救灵魂，兴旺神的国度？

第一是指我们接待耶稣基督，领受圣灵之后，只要在神面前祷告，就能用行为和诚实，实践神的道。

第二是指在这样行的过程中，会结果子。我们在遵行神话语的过程中会渐渐结出圣灵的果子来，这不是白来的，乃是靠着信心与能力才成的。

结圣灵果子的人若为得到更大的能力而凭着信心恒切祷告，就能领受神所赐的权能。这种权能是讲道的权能，有奇事和神迹随着的权能。

我们若领受神所赐的讲道的权能，就算没有口才，也能通过讲道刺入、剖开人的魂与灵，骨节与骨髓，改造人的心灵，并能给对方栽植信心，加添遵行神道的能力。

耶稣在约翰福音4章48节说："若不看见神迹奇事，你们总是不信。"我们为了拯救灵魂，不仅要带着权柄讲道，也要有奇事和神迹随着，给人栽植信心。当奇事和神迹随着，并有神同在的见证彰显的时候，人们才能心里相信全能的活神，从而能够战胜世界，活在神的话语里面。

教会若毫无奇事和神迹彰显，便难以使圣徒们建立信心，照神的话语生活，只能使群羊成为盲目来往教会的糠秕信徒。科学高度发达的现今时代，更加迫切需要奇事和神迹，但是当奇事和神迹彰显的时候，居然有一些人对此妄加诽谤和亵渎。

心地善良的人们看到奇事和神迹，就会立刻敞开心门接待耶稣基督为救主。然而，无论耶稣时代，还是现今时代，总有一些心地顽恶的人们起来反对神迹和奇事，"扔石头"。

使徒行传5章12-14节记载，主借着使徒们大大彰显神迹奇事，百姓尊重他们，信而归主的人越发增添。而且，耶稣复活升天以后，"门徒出去到处宣传福音，主与他们同工，用神迹和奇事证实所传的道。"（马可福音16章19-20节）

如此，"神的国不在乎言语，乃在乎权能"，因此当权能彰显的时候，人们拥有真信心，在真理的话语里面得以坚固，过得胜的生活。

"你们愿意怎么样呢？是愿意我带着刑杖到你们那里去呢，还是要我存慈爱温柔的心呢？"（4章21节）

这里"刑杖"是指惩戒或斥责。使徒保罗有惩戒哥林多教会圣徒们的权柄，有权降职、罢免，或撵出教会。因为是他建立了哥林多教会，并用福音生了他们。

使徒保罗虽然在别处传教，但他仍有权对他们进行责备或惩戒，因为他在耶稣基督里面，用福音生了他们。大家愿意得见慈爱和温柔的神，还是愿意面对施行惩戒的神呢？应当远离犯罪，以免面对对罪施行惩戒的神。

第五章

有关淫行的教训

怎样处理淫行

要成为无酵的面，当除净旧酵

不可相交的人们

怎样处理淫行

"风闻在你们中间有淫乱的事。这样的淫乱连外邦人中也没有，就是有人收了他的继母。你们还是自高自大，并不哀痛，把行这事的人从你们中间赶出去。"（5章1-2节）

使徒保罗风闻在哥林多教会中有淫乱的事。"淫乱的事"顾名思义就是淫荡而紊乱的行为亦即淫行。哥林多教会里面到底有过什么样的淫行，甚至说"这样的淫乱连外邦人中也没有"呢？

哥林多教会圣徒当中有人娶了继母。继母，虽不是亲生母亲，但毕竟是父亲的妻子、自己的母亲，但此人居然取继母为娶，于是保罗说这是连外邦人中也没有的淫行。

旧约圣经中也出现类似的事件。雅各的长子流便与父亲的妾，即继母辟拉通奸的事，传到雅各的耳中（创世记35章22节）。因此事件，雅各在临终时聚集十二个儿子留下遗嘱时，对着长子流便说："你因放纵情欲、滚沸如水，必不得居首位。"（创世记49章4节）

当然，这种事在外邦人中多有发生，但在教会里面是绝不可容许的事。保罗就是为了强调这一点就谴责此事说"这样的淫乱连外邦人中也没有。"

如果教会中发生此等事应当怎么办？爱神，并具有信心的人，自然对此深感哀痛："神啊！求您怜悯他，求您饶恕我们教会羞辱了您的名。"就会这样禁食、祷告神。然而，哥林多教会的教徒们却因心变得骄傲，见到这种事也不哀痛，事不关己，袖手旁观。

保罗说"你们还是自高自大"，这里"自高自大"是指自以为了不起，看不起别人，不谦卑，夸耀自己，亵慢和放肆。领受圣灵，聆听、学习神道的人，绝不会自以为了不起，夸耀自己，做出傲慢的行为。

那么，在真理里面指哪些为自高自大呢？我们起初接待主，被圣灵充满的时候，会变得谦卑。虽是初信徒，但在圣灵充满的时候，对谁都感恩，喜欢与众人分享恩典，有人说难听的话也予以理解，见谁都觉得可爱。

如此，人们起初领受圣灵，经历神的作工，被圣灵充满的时候，因心里变得谦卑，见到羞辱神荣耀的事就感到哀痛。然而，时过境迁，自以为达到磐石的信心时，会因自己祷告做得多，真理也懂得多，便觉得自己比别人强。

他们因心里变得骄傲而不照着真理而行，尽管圣灵在心里为之而叹息，却仍执迷不悟，有谁做了不荣耀神的事，或自己犯了罪，也不感到心痛。而且，弟兄犯了罪，也觉得事不关己，无需挂虑，反倒责骂和诽谤那犯罪的弟兄。人若不骄傲，就会把教会的

有关淫行的教训

事，或弟兄的事，都当作自己的事，弟兄犯罪，就像自己犯罪一样，为之哀痛，撕心裂肺。

哥林多教会的教徒们，因变得自高自大，所以尽管在教会发生不荣耀神的事也不痛心，也不采取任何措施。"你犯罪，自取灭亡，与我无关，我自己活在真理里面就罢了。"就是这种心态。

"我身子虽不在你们那里，心却在你们那里，好象我亲自与你们同在，已经判断了行这事的人。"（5章3节）

使徒保罗说自己身子虽不在哥林多教会，心却与他们同在。因此说，虽没看见那个与继母行淫的人，他的灵已经判断了此人。就是说保罗判断那个行淫之人的心态已到无法容忍的地步，其心已是被神厌弃的邪恶而刚硬的心。

于是使徒保罗告诉他们在神发烈怒之前处理此事的方法——保罗判断此人的心已到了无法悔改的地步，所以要把那行淫的人从教会赶出去。

听到此话或许有人置疑："圣经吩咐我们不要判断人，使徒保罗凭什么判断人？"当然我们要遵行神的命令，不可判断人，但有的人却有判断人的资格。

马太福音7章5节说："你这假冒为善的人！先去掉自己眼中的梁木，然后才能看得清楚，去掉你弟兄眼中的刺。"意思是：去掉自己眼中的梁木，完全活在真理的话语里面的人，就能看清弟兄眼中的刺。

因此，不能误解此经文想："保罗判断人，我也可以判断人"。我们在判断别人之前，首先应当省察自己是否将心里的恶完全除净，是否真正活在神的话语里面。只有谦卑、充满爱、懂得哀痛、不骄傲、以爱神为至上的属灵人，才有资格判断别人。

"就是你们聚会的时候，我的心也同在。奉我们主耶稣的名，并用我们主耶稣的权能，要把这样的人交给撒但，败坏他的肉体，使他的灵魂在主耶稣的日子可以得救。"（5章4-5节）

使徒保罗已进入很深的属灵境界，因此当他记录圣经的时候，领受了从上头来的无限灵感。在这4-5节的经文里面也有很深的灵意浓缩在其中。

圣经上处处记载着难解的经文。这些神言若不是神借着圣灵的感动予以解释，无人能明白其灵意。如今，因为人们不在属灵的层面解释这些神言，而按照字面上的意义去解释，所以很多人误以为人犯罪也能得救。

那么，4-5节所包含的灵意是什么呢？

如果将这段话按字面上的意义去解释，就会以为："人即使犯罪，只要暂时被交于撒但，通过熬炼悔改归正，肉体虽然败坏，其灵魂则在主再来的时候可以得救。"

然而，启示录3章5节说："凡得胜的，必这样穿白衣，我也必不从生命册上涂抹他的名，且要在我父面前和我父众使者面前认他的名。"神说：凡得胜的，必不从生命册上涂抹他的名，反过来说就是凡不得胜的，必从生命册上涂抹他的名。而且，帖撒罗尼迦前书5章19节说："不要消灭圣灵的感动"，借此可以得知圣灵感动也会被消灭。

此外，圣经还告诉我们人的罪有能得赦免的，也有永不得赦免的。那些亵渎圣灵、干犯圣灵，以及尝过天恩滋味之后，却离弃道理，败坏堕落的人，因神不赐给他们悔改的心，便得不到赦罪的恩典，以至无法得救（希伯来书6章、10章）。

"就是你们聚会的时候，我的心也同在。奉我们主耶稣的名，并用我们主耶稣的权能，要把这样的人交给撒但，"这段经文给我们的教训是：我们在处理神的事情时，应当奉主耶稣的名聚会，奉主耶稣的名做决定。人的想法再好，若是违背神的旨意，就当否定。惟独真理是正确的，因此我们只有在真理里面做出的决定，才是正确的决定。

5节的内容告诉我们，使徒保罗和哥林多教会的圣徒们奉主的名聚会，同心合意用主耶稣的权能，把那行淫的人赶出了教会。

神教训我们要爱仇敌，但这里为何将行淫的人赶出教会呢？因为与继母行淫，这样的淫乱连外邦人中也没有，加上这是在教会里面决不可容忍的罪行。

人若在不懂神的话语时出于无知犯了这种罪，或许有罪得赦免的机会，但若明白神话语的人犯了这种罪，神是决不会饶恕他的。犯这种罪的人已是心地刚硬到无法悔改的地步。

如果这种人继续留在教会里面，会给他人带来不良影响，人们会以为那种人也能得到饶恕，便会犯下同样的罪。

当风闻哥林多教会有淫行的时候，保罗是先核实那传闻之后才做出了判断。申命记19章15节说："人无论犯什么罪，作什么恶，不可凭一个人的口作见证，总要凭两三个人的口作见证才可定案。"因为证人当中也有作假见证的，所以不能凭一个人的见证定案，而需要两三个人的见证。

使徒保罗并非只听一面之词，乃是凭好多人的见证核查事实之后，最终做出了判断。按照真理，此人已完全丧失悔改的能力，永不得神的饶恕，便吩咐他们把他赶出教会。于是哥林多教会的圣徒们聚在一起开会，对"使徒保罗的意思，应该就是神的旨意"达成共识，便与使徒保罗同心合意，奉主耶稣的名把那行淫的人赶出了教会。

人一旦被赶出教会，就立刻被撒但捆绑，因为马太福音18章18节说："我实在告诉你们：凡你们在地上所捆绑的，在天上也要捆绑；凡你们在地上所释放的，在天上也要释放。"教会既已决定弃绝那行淫的人，他必然被交在撒但的手中，神也会向他掩面。

当然，并非被撵出教会的人都永远被神弃绝。比如说一个人犯了罪，但不是那种不可饶恕的罪，只要他悔改归正，就可得赦免，然而教会对他做出了错误的判断，并将他赶出了教会，如果是这种情况的话，神是不会对他袖手旁观，或向他掩面的。

神曾向我们应许，即使我们犯了罪，只要肯悔改，祂就饶恕我们，不止七次，而是七十个七次（马太福音18章22节）；还有在诗篇103篇12节对我们承诺：东离西有多远，叫我们的过犯离我们也有多远。因此，教会应当对那些犯了罪，但有悔改心志的人，予以理解和宽恕，并为他祷告祈求。

肉体意味着罪的属性

然而，5节说："要把这样的人交给撒但，败坏他的肉体，使他的灵魂在主耶稣的日子可以得救。"此话所包含的意义是什么呢？前半节是有关将行淫的人赶出教会的内容，后半节则是与行淫的人无关、赐给神儿女们的劝言。

因此，此话不能跟前半节连贯起来解释。也就是说：将与继母行淫的人交给撒但的理由是：为要使哥林多教会的圣徒们败坏自己的肉体，以便使他们的灵魂在耶稣基督降临的日子可以得救。

"肉体"是指通过仇敌魔鬼进入的罪性和身体相结合的状态。将那行淫的人交给撒但是为了使哥林多教会的教徒们将这些罪性彻底脱去，成为圣洁属灵的人，以至完全得救。

若不将这样的人逐出教会，别人也被类似的肉体的事所缠累，最终无法得救。教会若有此类人，应当把他赶出教会，使众人认识到犯这种罪会被教会弃绝，从而竭力离弃罪恶。

要成为无酵的面，当除净旧酵

"你们这自夸是不好的。岂不知一点面酵能使全团发起来吗？"（5章6节）

保罗说："你们这自夸是不好的。"那么，他们到底自夸什么呢？

如前所述，哥林多教会的教徒们尽管在教会里发生淫乱的事，羞辱神的荣耀，也没有感到痛心和哀痛。保罗说这是因为他们自高自大。尽管如此，他们却向神祷告说："神啊！那人行了连外邦人中都没有的淫乱的事，然而我因着您的帮助得以爱您并顺从您的话语而没有行淫得罪您。"

那么，使徒保罗为何责备他们自夸是不对的呢？首先是因为我们在世上可自夸的一样也没有。

我们的人生不过是片时而已，死了便归于一把尘土。因此，雅各书4章14-16节说："其实明天如何，你们还不知道。你们的生命是什么呢？你们原来是一片云雾，出现少时就不见了。你们只当说：'主若愿意，我们就可以活着，也可以作这事，或作那事。'现今你们竟以张狂夸口，凡这样夸口都是恶的。"

人即便任何罪都不犯，能够完全活在神的话语里面，也不能自夸，因为人惟有靠神的能力才能离弃罪恶，活在神的话语里面，靠自己的能力则一事无成。

然而，哥林多教会的教徒们尽管听了教会当中有人行淫的消息，却因着骄傲而没有将他排斥，反倒自以为圣洁而自夸。看到如此严重羞辱神荣耀的事，他们居然有如此的表现，因此保罗说这非常矛盾。

不可自夸的第二个理由是：一点面酵能使全团发起来。面酵是一小团发酵过的面。将一点面酵放在面团中，就能在一两天之内使全团发起来。

于是使徒保罗比喻说："岂不知一点面酵能使全团发起来吗？"这里"面酵"的灵意是罪。圣经上记载仇恨、嫉妒、忌恨、纷争等许多罪。将淫行比作面酵并非意味着该罪轻，而是意味着罪的种类繁多，该罪只占其中的一部分。

所谓"全团"是指哥林多教会全体信徒。使徒保罗说"岂不知一点面酵能使全团发起来吗？"此话的意思是：哥林多教会的教徒们虽指责行淫的人，夸自己活在真理里面，但若容忍这种人，他们最终也会受撒但的引诱，败坏沦丧。因此说哥林多教会信徒们夸口是不对的。

在我们周围不难发现因环境的缘故不能保守己心的人。在婆家受苦的儿媳，往往会下决心到时自己成了婆婆，绝不苦待儿媳，然而，等到真的当上婆婆之后却同样苦待儿媳。因为人的所见、所闻、所学，决定人的行为表现。

看着天天喝酒，放荡度日的父亲而长大的孩子，会决心长大了绝不能像父亲，但往往长大之后重蹈父亲的覆辙，甚至比父亲还厉害。

于此同理，哥林多教会的教徒们若一次容忍犯罪的人，就会不胜罪的引诱，跟着犯罪。"这么大的罪，教会都容忍，何况这罪比那轻的多，应该问题不大。"就这样渐渐陷入重罪的漩涡。

因此，一个人犯了罪，应当迅速对他采取相应的措施，若置之不理就会像一点面酵使全团发起来，犯罪的接二连三地出现，以至全体败坏。

"你们既是无酵的面，应当把旧酵除净，好使你们成为新团；因为我们逾越节的羔羊基督，已经被杀献祭了。"（5章7节）

使徒保罗将接待耶稣基督，罪得赦免的哥林多教会信徒们称作"无酵的面"，并给予劝勉之言。在此"无酵的面"是指无罪的神的儿女。

我们虽接待耶稣基督，罪得赦免，但为了成为完全的新人，必须要除净旧酵。"旧酵"是我们自出生以后所犯的一切罪恶和违背真理的意念，以及不良习惯的统称。总之，要成为新人必须要除净这些旧酵。

接着说："因为我们逾越节的羔羊基督，已经被杀献祭了。"逾越节是缅怀纪念神曾在埃及地降灾灭长子时（出埃及记12章12节），给以色列百姓开一条出路，敞开拯救之门事件的节期。以色列百姓照神的命令，宰杀羊羔，将血洒在门楣上和左右的门框上，然后赶紧地将羊羔的肉用火烤了，与苦菜和无酵饼同吃，便免遭灾殃。

"羊羔"预表耶稣基督；羊羔的血象征主的宝血。同时"逾越节的羔羊基督"意味着耶稣基督为拯救我们，牺牲自己，成为挽回祭。

耶稣基督为了代赎我们的罪，被钉十字架舍命，我们若仍然活在罪孽中，就无法得救，因此保罗在解释只能将行淫的人从教会赶出去的理由。

"所以，我们守这节不可用旧酵，也不可用恶毒(或作"阴毒")、邪恶的酵，只用诚实真正的无酵饼。"（5章8节）

所谓"节"是指神里面的节日，即以色列百姓守的传统节日。旧约时代有逾越节、收割节、收藏节等节期；新约则有复活节、收割感恩节、秋收感恩节等节期。

继承逾越节属灵意义的节日就是如今的复活节，是纪念耶稣被钉十字架流血而死，第三天死而复活，打破魔鬼的死亡权势的节日。我们的救主耶稣基督是安息日的主，因此所谓"节日"不单指复活节，也包括主日（马太福音12章8节）。

我们守这些节日的时候，应当除掉旧酵、恶毒、邪恶的心，成为圣洁的心，用心灵和诚实敬拜神（约翰福音4章24节）。

"邪恶"是指性情、言行不正而且凶恶；"恶毒"是指心术、手段、语言阴险狠毒。我们在神面前献礼拜之前应当先省察自己是否得罪神，并认罪悔改，预备合适的内心。

这里说"恶毒、邪恶"的罪是指决不可容忍的罪。我们周围也有犯这种恶毒、邪恶之罪的人们。即便是这种罪，只要认罪痛悔，神也会怜悯他，饶恕他，并使他改变成诚实真正的神的儿女。

接着说守节的时候要用诚实真正的无酵饼。正如耶稣在约翰福音6章48－51节所说："我就是生命的粮。……我是从天上降下来生命的粮。"耶稣就是我们生命的粮。我们只有吃耶稣的肉——真理，即道，才能得着生命，走永生之路。

总之，我们只有除去旧酵，用诚实纯正的心，并用心灵和诚实向神献上活祭，才能走永生之路。

不可相交的人们

"我先前写信给你们说：不可与淫乱的人相交。此话不是指这世上一概行淫乱的，或贪婪的、勒索的，或拜偶像的，若是这样，你们除非离开世界方可。"（5章9-10节）

保罗写了同样内容的书信，托人捎到各个教会，规劝众圣徒不要与淫乱的人相交。从中我们可以得知该怎样对待教会中淫乱的人。

帖撒罗尼迦后书3章6—15节说："弟兄们，我们奉主耶稣基督的名吩咐你们：凡有弟兄不按规矩而行，不遵守从我们所受的教训，就当远离他。……若有人不听从我们这信上的话，要记下他，不和他交往，叫他自觉羞愧；但不要以他为仇人，要劝他如弟兄。"

信上的所有内容都是神的话语，所以保罗叫他们记住不听从信上话的人，不和他交往，并且远离他。若是这样，此人因在教会里无人与他交往，自然自觉羞愧。

如果蒙羞的人有一点点的信心，就会认为"他们向我背脸，是因为我的过错。"并且悔改归正，努力重新与弟兄们相交。反之，连这点信心都没有的人会想："好啊！你们竟排斥、孤立我，难道除了这个教会就没有别的教会吗？"就这样赌气而离开教会。可是真正信神的人，绝不会采取这种行动。

因此"要记下他，不和他交往，叫他自觉羞愧"，是出于爱心，为使人悔改归正而采取的方法，而非出于恨他。然而，要注意的是，不能所有的人都向他背脸，应当至少一个与他有交情的人，劝勉他迅速悔改归正，顺从神的话语。

下面具体查考淫乱行为有哪些类型。

第一是肉体行为上的淫乱。

夫妻之间发生肉体关系不叫淫乱的行为。肉体行为上的淫乱是指已婚有配偶的人与其他人行淫，或者男女结婚之前胜不过情欲而发生性关系等淫乱的行为。

在神面前，这样的事都属于罪，这些事在社会上也得不到认同。不过，在不得已的情况下未举行婚礼而同居的夫妻，是得众人认定的正式夫妻，故此不属于淫行。这种情况，最好是举行婚礼，得到社会的认定。

第二是属灵意义上的淫乱。

我们的生命是神所赐的。创造人生命的种——精子和卵子的是神；生我们灵魂的也是神。祂又是我们灵里的父，因为祂将我们引入永生之路，将来在天国永远与我们分享爱与被爱的幸福。

因此，神的儿女们以爱神为至上是理所当然的。然而，神的儿女若爱自己的父母、丈夫、妻子或儿女，以及世上的名利、权势、知识、财富、娱乐等胜过爱神，便是属灵的奸淫。

第三要查考心里犯的奸淫。

耶稣说："你们听见有话说：'不可奸淫。'只是我告诉你们：凡看见妇女就动淫念的，这人心里已经与她犯奸淫了。'"（马太福音5章27—28节）就是说：人虽然没有犯行为上的罪，只是心里动了淫念，也会被看作是已经犯奸淫了。

那么，为何旧约时代是罪性显在行为上，才会成立罪，新约时代则是心里动邪念也成立罪？

在旧约时代，人要单靠自己的意志胜过罪，因此罪性不显在行为上，就不当作有罪。然而新约时代是因人可以靠着圣灵的帮助治理己心，因此连行为上的罪，带心怀的邪念，都算作罪。

因为圣灵住在我们心里头，所以我们只要祷告，就能领受神所赐的属灵能力，治理己心，离弃罪恶，即做成心里的割礼。因此，我们一定要成就清净洁白的心灵。

旧约时代，人只要行为上圣洁就被视为无罪，但新约时代，则是需要成就心灵的圣洁。人表面上看似圣洁，心却污秽，神就会视其有罪。

那么，怎样才能把我们心里的奸淫完全除净呢？我们只要信靠神的能力，恳切祷告，便能透过圣灵的作工，从意念中抹掉奸淫，随之奸淫的心也被除掉，以至毫不摇动。离弃奸淫的阶段性的过程如下：

第一是要凭信心持之以恒地祷告，掐断通过意念攻心的奸淫。

即使是有夫之妇，见到英俊的男人，也会心里犯奸淫；有妇之夫看见漂亮的女人、裸照或者淫乱的情形等也会产生淫念。

虽行为上不犯奸淫，但奸淫的意念涌现的时候应当怎么办？

要信靠神的能力，持之以恒地祷告。"神啊！求您赐我能力，抵消奸淫的意念，帮助我克制意念，断绝淫念，除净奸淫的心。"如果这样坚持不懈地祷告，就能进入断绝淫念的境界。

当然，单靠祷告是不行的，要有抵消淫念的努力。如此不断地寻求神的能力，我们就能在神的恩典与圣灵的帮助下，达到能够支配自己意念的阶段。

第二是治理己心的阶段。

在这个阶段，即使看到淫乱的场面，只要定心不想，意念就被掐断，不浮现。因为不浮现淫乱的意念，所以不产生想要奸淫的欲望。心里的奸淫是通过感觉和意念所产生的，因此将这感觉和意念掐断并克制，罪便无机可乘。

第三是无论看什么都不产生淫念的阶段。

在这个阶段，我们即使看了淫乱的场面，因为意念没有启动，便不会产生奸淫的欲望，即使在拥挤的地铁，或公交车上遇到不得不跟异性接触的情况，也丝毫不产生淫念，故此心里不犯奸淫，这就已经进入了与奸淫毫不相干的境界。

第四阶段是刻意去想，也不浮现的阶段。

人到了这个阶段，想动淫念也不成。因为丝毫的杂念也不浮现，所以能够度过常被圣灵充满的信仰生活。

10节说："此话不是指这世上一概行淫乱的，或贪婪的、勒索的，或拜偶像的，若是这样，你们除非离开世界方可。"就是说，不要因为世上的人们过违背神旨意的生活而无条件地排斥他们。

如果要一点也不与他们相交，我们只能离开这个世界，但除了这个世界以外只有天国和地狱。人活在这个世界上，是要与世人一同工作、一同生活，这样才能将福音传给他们。

然而，我们虽然与世人一起生活，但有时应当与一些人避免接触。假如同事中有行淫乱的，或贪婪的、勒索的，或拜偶像的，我们不能为了给他们传福音，见证神，就跟他们交谈，交接。如果你觉得自己会被他们淫乱、贪婪、勒索、拜偶像的行为所沾染，就应当果断地与他们断交。也就是说：既不要跟他们对话，也不要亲近他们，以免被他们不义的行为所沾染。

例如：父母若看见自己的儿女结交坏朋友，受其影响而渐渐变坏，一定会告诫儿女不要交那样的朋友。于此同理，神也担心自己的儿女们染上罪污，便对儿女们说要远离那些不义的人。

如果同事，或朋友要领大家到淫秽的地方，大家应该怎么办？看在朋友的份上要陪着去吗？断乎不可！当要拒绝。我们若没有能力使朋友转离淫行，就应当远离他。

不过，已站立在信心的磐石之上，能够保守己心和意念，能胜过任何引诱的人，不远离他们也无妨。

"贪婪的人"是指将贪心显在行为上的人。凡一切过分的行为都属于贪婪。到邻家做客时，发现他家有好东西，就不顾生活拮据也要去购买；或者吃饱了还继续吃，不节制等等，这些都属于贪婪。

"勒索"是指用强迫的手段将钱财占为己有。放高利贷；抢夺他人之物；图少付出，多收获等不合常理的恶行都属于勒索。

"拜偶像"是指未能寻找神的人们敬拜侍奉人用木、石、铁、金、银等制造的男人、女人，或兽类的形像，或将日月星辰当作神来敬拜的行为。

神在申命记4章23节中告诫我们不可雕刻任何偶像，不可叩拜或侍奉它们。偶像既没有生命，又没有能力，不过是虚谎之物。除了创造天地的真神上帝以外侍奉别神，对人百害无一益。

"但如今我写信给你们说：若有称为弟兄是行淫乱的、或贪婪的、或拜偶像的、或辱骂的、或醉酒的、或勒索的，这样的人不可与他相交，就是与他吃饭都不可。"（5章11节）

所谓"弟兄"是指信神的主内的弟兄。本文是讲若有自称有信心的人是行淫乱的、或贪婪的、或拜偶像的、或辱骂的、或醉酒的、或勒索的，这样的人不可与他相交，就是与他吃饭都不可。

"贪婪"是指将存在心里的显在行为上犯罪，指贪食、贪财、过分吃喝；"辱骂"是指用不堪启齿的可耻之言侮辱谩骂。

"就是与他吃饭都不可"这话不是说在教会里面不可与那种人一起吃饭、交接。若是那样教会里面就没有爱了。此话的意思是：不要效法他们的犯罪行为。

前面提到有关与世人相交的事。主内的弟兄之间也是如此，如果我们的信心还软弱，就应当避开那些人。信心尚小，与罪相争比较吃力的人，弄不好会受其影响，沾染污秽，信仰搁浅。

但是已达到磐石的信心阶段的人，则不必避开，而要尽力用爱心去劝勉他，使其悔改，或者给他栽植信心，开导他活在真理里面。这是神所喜悦的。

"因为审判教外的人与我何干?教内的人岂不是你们审判的吗?至于外人,有神审判他们。你们应当把那恶人从你们中间赶出去。"(5章12-13节)

这里"审判"是指用真理去分辨已显明的事。这跟圣经处处教训人不可批判和论断人是不同的意义。不可论断的意思是:不可对尚未显明的事件,随己意进行揣摩或推测。惟独神才能看透人的内心,因此人的那些论断都是得罪神,会造成罪墙,与神隔绝。

不过,我们可以用真理去分辨世人的是非好歹。如果他们行淫乱、贪婪、拜偶像、辱骂、醉酒的,或勒索等犯情欲的事,我们就能判断他们是在违背真理。但不信神的世人,由神审判他们,按神的旨意报应他们,所以我们没有必要判断他们。

世人爱喝酒,我们也没有必要对他们说:"你为何喝酒?不要喝酒,要遵行真理。"因为这是神判断的事,我们没必要去判断他们。

如果教会的一个弟兄算命去了,我们就能分辨那个弟兄是没有信心,拜了偶像。基督徒有问题理当求问神,可他却问鬼去了,这就可以断定他没有对神真正的信仰。就这样我们只要用真理去衡量,凡事都是很容易去分辨的。

在何种情况下可以把人赶出教会?

13节说:"你们应当把那恶人从你们中间赶出去。"在11节只说"这样的人不可与他相交，就是与他吃饭都不可"，并没有说要赶出去，但在这里说要把行恶的人赶出去，其理由是什么呢？

假如主内的弟兄当中有一群人行淫乱、贪婪、拜偶像、辱骂、醉酒、勒索，教会却对他们置之不理，其结果会怎样呢？对这样的人教会自然不肯给他职分，弟兄们也忌讳与他们交接，他们自然在教会里面受到排斥。

此时，他们若悔改归正还好，但若反而不平不满，越发犯罪，以至良心如同被热铁烙惯了一般，毫无真理进入的空隙，最终就会犯下如同第一节所提及的与继母行淫这种不可饶恕的罪。

落到如此犯丧尽天良之罪地步的人，因心地过于刚硬、顽恶而无法悔改，所以神吩咐我们要把他们赶出教会。因为他们就像使全团发起来的面酵，会不断地玷污其他人。

马太福音18章15-18节说："倘若你的弟兄得罪你，你就去趁着只有他和你在一处的时候，指出他的错来。他若听你，你便得了你的弟兄；他若不听，你就另外带一两个人同去，要凭两三个人的口作见证，句句都可定准。若是不听他们，就告诉教会；若是不听教会，就看他象外邦人和税吏一样。我实在告诉你们：凡你们在地上所捆绑的，在天上也要捆绑；凡你们在地上所释放的，在天上也要释放。"

意思是说：如果弟兄犯了罪，不要告诉别人，首先要找那个弟兄，当面劝勉他活在神的话语里面。幸好那个弟兄领受劝勉，悔改归正，就能得到救恩，我们便是得了一个弟兄。

如果不听，则要请比自己灵性高的一两个人再去劝导。就是把比自己位份高的人请去，劝勉他悔改自己的罪，转离恶道，遵行神的话语，且要凭两三个人的口作见证。若这也不听，就要告诉教会。

若教会的负责人或教会资深主的仆人的劝勉都不听，就要看他像外邦人和税吏一样。外邦人是不信神的人；当时税吏被人看作是罪人，因此其意就是要把他当作外邦人或罪人看待。

神说"凡你们在地上所捆绑的，在天上也要捆绑；凡你们在地上所释放的，在天上也要释放。"那人若听从教会代表的劝言，回心转意，神就会认定他，并施恩于他，否则就会把他交给撒但。因此身为代表教会的人一定要具备能够为他们忍耐到底，祷告到底的爱心。

不过，上述的原则不能同样套在刚刚步入信仰之门的人身上。刚刚开始出席教会的初信徒还不清楚了解神的旨意。他们尚不清楚什么是罪，即便听了道，明白了神的旨意，但还缺乏实践神道的力量和能力。

因此，我们对他们不能采取"因他犯罪，不能与他相交"的态度，而应当亲近他们，多方交接，给他们栽植信心，引他们归入真理，这是我们当尽的义务。

然而，那些自称有信心，信仰虔诚，身负职任的人，若犯下上述的严重罪行，我们就不能与他相交了。

第六章

圣徒之间的诉讼问题

圣徒之间的问题当在教会内部解决

能用完全的信心审判的圣徒

令人羞耻的理由

使人不能承受神国的诸般罪行

该为什么而活?

娼妓的属灵含义

圣徒之间的问题当在教会内部解决

"你们中间有彼此相争的事, 怎敢在不义的人面前求审,
不在圣徒面前求审呢?"(6章1节)

6章显明神对诉讼的旨意, 着重阐述怎样处理教会中发生的丑事。

我们若不清楚了解神对诉讼的旨意, 也许会成为"不义的人", 以至得不到救恩。但是或许有人想: "只管好好过信仰生活, 我才不牵扯教会中诉讼的事。"可是当面对初信徒, 或主内的弟兄就有关诉讼的问题提出咨询时, 我们应当予以正确的答复, 并用真理去开导, 将其引入正路。

这里所谓"相争的事"就是指诉讼。诉讼是指就彼此间的纠纷向执法机关提出控告、申诉, 要求评判曲直是非。据1节的记载: 哥林多教会发生了诉讼事件, 就是两位主内的弟兄, 因某种事发生纠纷, 在不义的人面前求审。这里所谓"不义的人"是指不懂真理,

不活在神话语里面的世人。除外，教会里面那些疑惑神的话语，不遵其而行的人也可以称作不义的人。

因此，在教会里面若将神的事委托他们处理，就是等于将圣工托付于不义的人，这是不合宜的。若将主内的弟兄之间的事，告到世上的法庭求审，这也是不合宜的。

世上的法和神在圣经上的法是不可能一致的。神教训我们说："要爱仇敌；看别人要比自己强；理解和宽容别人；自卑的，必升为高；认输的就是赢家"，并且希望所有的人都遵照祂的话语生活。

神的道是独一无二、永远不变的真理，因此凡顺其而行的人，都能得享蒙福的人生。然而，许多人随从自己的利益，不肯遵行神的话语。

尽管世上的法和神的法如此迥异，然而信的人若不遵循神的法，却依靠世界的法，这是多么愚拙的事呀！

因此，使徒保罗责备哥林多教会，不将主内弟兄之间的问题拿到圣徒们面前求审，却向不认识真理的不义之人求审。

能用完全的信心审判的圣徒

"岂不知圣徒要审判世界吗? 若世界为你们所审, 难道你们不配审判这最小的事吗?"(6章2节)

"岂不知圣徒要审判世界吗?"这里的"圣徒"是指谁呢?一个人决定信主,在教会注册登录,就称之为教徒。在这些教徒中,将神的道存在心里,照着神的话语生活的人就称之为圣徒。

那么,为何称他们为圣徒,即圣洁的群体呢?

约翰福音14章6节说:"耶稣说:'我就是道路、真理、生命;若不藉着我,没有人能到父那里去。'"惟独神的道才是永恒不变、准确无误的真理。不管是数千年前,还是现今时代,凡诚然相信神在圣经上的约言,并谨守遵行的人,神的道就会活现在他们眼前的现实中。

如果神不活着,圣经的话语也是死的,便不是真理。但神是活神,是昔在,今在,永在的神,在祂没有改变,因此祂的言语是举世无双的真理。而且，耶稣基督是神的独生爱子，祂照着神的应许降世为人，祂就是道，也是真理本身。

神真理之道是圣的，因此称追随此道的人为圣徒。反之，盲目来往教会的人只能称作教徒。

当然，刚注册的初信徒我们也称他为圣徒，人到教会登录的理由是为了成为圣洁神的儿女，获得救恩，聆听神真理的话语，追随圣洁的道路，因此，初信徒，我们称他为圣徒也无妨。

圣徒当中有站立在信心的磐石之上的人，也有虽然还没有站立在信心的磐石之上，但带着热心，努力遵行神话语的人。

"岂不知圣徒要审判世界吗？"这里指的圣徒是已站立在磐石上的神的儿女。他们有审判世界的能力。如前面所提，他们能够依照真理，对世界上所发生的问题作出是非真假的分辨。

保罗接着质问，圣徒们既然能审判世界，何况主内的弟兄之间所发生的极小的事，难道就不能用真理去分辨吗？站立在信心的磐石上的人，有足够的能力去解决主内弟兄之间的问题，因此不必到世人面前请求审断。

"岂不知我们要审判天使吗？何况今生的事呢！"（6章3节）

3节是对2节内容的补充。我们可以通过圣经仔细了解有关天使的事。这里所谓"审判天使"，不是指恶意的论断，乃是指照着真理所作出的分辨。

例如：我们查考圣经就能发现神没有宽容犯罪的天使，而将他们拘留在黑暗的坑中。彼得后书2章4节说："就是天使犯了罪，神也没有宽容，曾把他们丢在地狱，交在黑暗坑中，等候审判。"还有在犹大书1章6节记载："又有不守本位、离开自己住处的天使，主用锁链把他们永远拘留在黑暗里，等候大日的审判。"

彼得后书2章11节还提到力量、权能更大的天使。除此之外，圣经还记载着降雨的天使、大力的天使、有能力的天使等。

路加福音1章19节出现有关天使加百列的记录："我是站在神面前的加百列，奉差而来对你说话，将这好信息报给你。"这是加百列天使向撒迦利亚显现，预告施洗约翰的诞生的情形。

但以理书10章13节则出现有关米迦勒天使长的记录："但波斯国的魔君拦阻我二十一日，忽然有大君（就是"天使长"。21节同。）中的一位米迦勒来帮助我，我就停留在波斯诸王那里。"就这样我们可以透过圣经分辨属灵天使的事。

因此，使徒保罗说："岂不知我们要审判天使吗？何况今生的事呢！"就是在强调：我们既然能审判看不见的属灵世界的天使，照样能审判看得见的今生的事。

"既是这样，你们若有今生的事当审判，是派教会所轻看的人审判吗？"（6章4节）

在信仰生活中，圣徒之间因今生的事发生纠纷，是在所难免的。如果教会中发生圣徒之间因今生的事发生纠纷，互相纷争，辩论，争论是非，应当怎样处理呢？

应当叫站立在信心的磐石上的圣徒们出面解决。因为他们能够照神真理的话语，做出正确的判断，然而哥林多教会并没有那么做。于是使徒保罗指责他们当教会发生属世的事件时，派教会所轻看的人处理。

如果在弟兄当中有谁因今生的事彼此告状，他一定是个不义之人，平时不活在真理里面。

例如：不活在真理里面的人在教会不平不满地说哪个执事如何如何，哪个长老如何如何，进行挖苦和诽谤，此时若有人参与进来，便是与不义的人同流合污，成为同党。

这样的人若发生什么事，自然会向那些不义的人们询问解决方法。不义的人因不活在真理里面，询问的人自然无法从他的口中得到真理的答案。出于这种情况，保罗质问他们说："你们若有今生的事当审判，是派教会所轻看的人审判吗？"明确表示这是错误的做法。

令人羞耻的理由

"我说这话是要叫你们羞耻。难道你们中间没有一个智慧人能审断弟兄们的事吗?你们竟是弟兄与弟兄告状,而且告在不信主的人面前。"(6章5-6节)

使徒保罗在哥林多前书4章14节说:"我写这话,不是叫你们羞愧,乃是警戒你们,好像我所亲爱的儿女一样。"但在本文说:"我说这话是要叫你们羞耻。"这是因为此事跟哥林多前书4章的状况截然不同。

哥林多前书4章说,使徒们被人咒骂,就祝福,用爱心祷告;被人逼迫,就忍受;被人毁谤,就善劝。这是真理,哥林多教会的教徒们理当照着行,但他们没有像使徒们那样行。

使徒保罗这样说并不是出于自夸,也不是要叫哥林多教会的教徒们羞愧,乃是以父母的心肠,教导他们要效法使徒们的好行为。

不过,保罗在5节说:"我说这话是要叫你们羞耻。"这是在明示他此刻要对心爱的儿女们说的不是好话，乃是要因他们行违背真理的事而指责他们，使他们羞耻。这是为了使他们因着羞愧，将此教训铭刻在心，以后不再犯错误。

使徒保罗指责他们说：难道教会没有一个智慧的圣徒，能够用真理的话语解决教会里面弟兄之间发生的事件？为何在不义的人面前求审呢？

神的儿女们决不应该彼此控告。使徒保罗要叫他们羞耻是因为在哥林多教会发生了弟兄之间彼此告状的事，况且是在不信神的人面前求审。

在主里面怎样解决这种问题？

如果我们因某种今生的事，需要进行诉讼应当怎么办？当然要照着教会所立的次序办理。如果是平信徒，应当委托区域长，区域长若是不能解决，就要委托其上的组长，若他也不能解决，要委托地区长，地区长也不能，就要委托上面的主的仆人解决。若这也不行，最终要委托教会，叫代表教会的机关出面审断是非。

诉讼大多是由于物质的问题而发生。我一直以来屡次对圣徒们强调：主内的弟兄之间不要作保，或进行金钱交易。因为圣徒间的金钱交易会引发误解和各种问题。

如果我们因迫于无奈而要借钱，就不要向主内的弟兄伸手，而要跟世人借，或到其它地方去借。主内的弟兄之间做金钱交易是悖逆神的行为，必招撒但的亵渎，从而发生纷争，本来能成的事也会遇到麻烦，以至失败，因此神禁戒此事。

我在牧会的过程中，偶尔看到过圣徒之间在教会里面进行金钱交易，从而招致患难的事。有的圣徒当别人借钱时因不好意思拒绝而去筹措资金借款于人，但我看到那借款的人过了约期也不还债。罗马书13章8节说："凡事都不可亏欠人，惟有彼此相爱，要常以为亏欠，因为爱人的就完全了律法。"因此我们决不要为难主内的弟兄。

"你们彼此告状，这已经是你们的大错了。为什么不情愿受欺呢？为什么不情愿吃亏呢？你们倒是欺压人、亏负人，况且所欺压、所亏负的就是弟兄。"（6章7-8节）

如果主内的弟兄当中有人因今生的事进行控诉，此人便是远离真理的人，即不义的人，非神的儿女。无论他怎样对教会忠诚，看似信仰虔诚，那种行为就足够表明他是假信徒。

那么，当我们遭到主内弟兄的控告时应该怎么办？若是具备真信心的人，会甘心承受因着此事所遭受的亏损。因此，使徒保罗在7节劝勉说：你们与其彼此争讼，揭露其过犯，同流合污做恶人、不义之人，不如情愿受欺、受冤屈。

然而，还不明白真理的初信徒听到此话会想："岂有此理！应该堂堂正正地应诉，讨回公道，找回清白。"

我们即使情愿受冤屈，受欺，也绝对不会因此而吃亏。只要我们活在真理里面，撒但必败，仁义必胜。神住在义中，祂鉴察人的内心，因此虽目前看似受亏损，但到了时候神必使万事都互相效力，使我们得益处。

主内的弟兄之间不可有诉讼的事。然而，哥林多教会的教徒们违背真理，显出心里的恶，行了不义的事。而且，不义的人们虽然在教会里面装作遵行真理的神的儿女，但时过境迁就会显出他们的真假来——他们既不是神的儿女，也没有在真理中生活，便是彼此欺哄。

在教会里应当杜绝这种不义的事。即便是不信神的世人，若骨肉兄弟之间打官司，也会被人们视为败伦的行为，受到谴责。何况，信神的弟兄之间打官司，这岂能容忍！行这等事的人必定是不义之人，不活在真理里面。

雅各书1章22节："只是你们要行道，不要单单听道，自己欺哄自己。"听道而不行道，就是欺哄自己。他说自己有信，便是说谎话了。哥林多教会教徒们若是真信，就不会弟兄之间互相告状。

8节说："你们倒是欺压人、亏负人，况且所欺压、所亏负的就是弟兄。"意思是："彼此告状是不义之事，是欺压、亏负弟兄，你们既然行这等事，还说你们信神，岂不是自己欺哄自己吗？"

神吩咐我们要爱仇敌。况且神叫自己的独生爱子为我们牺牲在十字架，拯救我们脱离死亡，进入永生。我们既然领受了这般白白所赐的恩典，怎能控告自己主内的弟兄。

使人不能承受神国的诸般罪行

"你们岂不知不义的人不能承受神的国吗？不要自欺，无论是淫乱的、拜偶像的、奸淫的、作娈童的、亲男色的、偷窃的、贪婪的、醉酒的、辱骂的、勒索的，都不能承受神的国。"（6章9-10节）

神说行不义的人，就算他是信神的人，也是不能承受神的国，意即不能得救。神的话语是赐给信神之人的。不信的人压根就与神不相干。

因此，这里所谓不义的人就是指那些口称信神，却不遵行神话语的人，这样的人是不能得救的。

耶稣在马太福音7章21节说："凡称呼我'主啊，主啊'的人，不能都进天国；惟独遵行我天父旨意的人，才能进去。" 而且，作恶的人虽口称奉主的名传道，奉主的名赶鬼，奉主的名行许多异能，但主仍对他们说：我从来不认识你们。

神在经上明确表示：并非口称信主，圣守主日，奉献十分之一，救济别人就能得救进天国，惟独遵行神的话语，自洁成圣的人才能进去。一个作恶的人，即使他为神做了许多事，主也会对他说：我不认识你。（马太福音7章23节）

要正确领会这些话语，并要存在心里，否则会很容易受迷惑。"受迷惑"是指心里昏暗，混沌，被什么东西所迷住，精神迷乱，迷失方向。迷惑不光是来自不信的人，也来自信神却远离神话语的人们。

他们说：我也是执事、属于母胎信仰，信耶稣适当地信多好，何必信那样辛苦。他们怂恿人做完主日大礼拜，下午就去钓鱼，或登山，或野游，说"我们公司有个同事是个长老，他还喝酒呢。圣经说不要醉酒，并没有说不要喝酒，喝一两杯也无所谓。"然而，神警戒我们不要被这些话所迷惑。

那么，什么叫不义？8节说弟兄之间彼此告状是不义的事。广义上讲：凡违背神的话语，违背真理的一切都是不义和罪。

9-10节罗列了诸般不义的事。

首先是淫乱。这在哥林多前书5章9节的讲解中已解释过，是指淫荡、紊乱的性行为。拜偶像也解释过，是指敬拜侍奉用金、银、铜或铁所制造的形像，以及爱某些东西胜过爱神的行为。奸淫则是指神不承认的男女，发生肉体关系。

"作娈童的"，这里所表明的意思是贪色。贪色之事世上很普遍，但在教会里面也会隐然出现。例如：有的男圣徒特别喜欢跟女圣徒一起谈话或同在一处。女圣徒当中也有这类人。这就是贪色。

"亲男色的"就是指同性恋，即男人之间，或女人之间发生性行为，或进行恋爱。信神的人若亲男色，神绝不饶恕，便无法得救。在不信的时候搞过同性恋的人，若到教会听神的道，并悔改归正，就能得到饶恕。但信的人若不回转，继续行那种事，就是没有信心的凭证，故此无法得救。

"偷窃"包含着很多意义，一般是指用心思和行为偷取别人之物。耶稣的十二门徒中加略人犹大有偷窃的习性，他作为管钱的，以周济穷人为借口时常偷窃奉献款。

"贪婪"是指将存在心里的显在行为上犯罪，指贪食、贪财、过分吃喝。

本文中还提到"醉酒"。神不喜悦人醉酒，因为酒对我们毫无益处。人造酒的目的在于让人享乐，而不是为了强身健体。活在耶稣基督里面，住在真理里面的人，是不会喝酒的。

在基督教里面也有容许喝酒的地方，但真理分明教导我们"不要醉酒"（以弗所书5章18节）。酒进入体内，人就无法克制自己的心，自然会做出违背真理的行为。有的人说圣经只是说"不要醉酒"，所以适当地喝也没关系。

酒，喝一杯也是醉，因为酒进入体内，毒素扩散到全身，喝一杯醉一杯；喝两杯醉两杯；多喝几杯，则醉意加深。因此不能说喝一两杯无所谓，给撒但留地步。

关于"辱骂"和"勒索"在5章11节的讲解中已解释过，分别是指用不堪启齿的可耻之言侮辱谩骂；用强迫的手段将钱财占为己有。神分明说上述的这类人不能承受神的国，即不能进天国。

因此，仍然行这些不义之事的人应当迅速坦白自己的罪，转离恶道。神就是爱，祂信实、公义，对认罪悔改的人，必赦免其罪，洗净他一切的不义（约翰一书1章9节）。不过，一个人坦白自己的罪，发誓不再犯罪之后，仍旧犯罪作恶，便是愚弄神，仍然活在罪孽之中，这等人是不得救的。

> "你们中间也有人从前是这样；但如今你们奉主耶稣基督的名，并藉着我们神的灵，已经洗净、成圣、称义了。"
>
> （6章11节）

我们当中许多人在认识神之前是这般不义的人，但自从委身于耶稣基督之后，领受了所赐的圣灵，便走上义人的道路。圣灵住在我们心里，叫我们领悟什么是罪，并且给我们栽植信心，于是我们悔改归正，被主耶稣的宝血洗净罪污，以至得到救恩。

但一个人仍行不义，却口称信神，其信心便无法得神的认定，从而无法得救。反之，一个人若在殷勤祷告，努力遵行神的话语，离弃罪恶的过程中，神就会认定他有信心，并赐予救恩。神将这样努力离弃罪恶，逐渐成圣的人称作义人。

> "凡事我都可行，但不都有益处；凡事我都可行，但无论

哪一件，我总不受它的辖制。"（6章12节）

"凡事我都可行"之意是：我有自由意志，可以活在真理里面，也可以仍旧活在不义之中。一切都在于我们的选择，"但不都有益处"，惟独活在耶稣基督里面才是有益处的。

为了承受神的国，无论哪一件事，我们都不应受它的辖制，而完全活在真理里面。就是说不拘任何状况，要果断地遵照神的旨意而行。有这种信心的人因活在真理里面的缘故，即使受父母，或公司领导百般的辖制和逼迫，也能丝毫不摇动。

有一次周五彻夜礼拜的时候，一位从江原道来的圣徒请求我给她做祷告。那时我想起了她数年前到我们教会得到医治并作见证的情形。

"牧师！求您为我祷告。我得了中风，身体活动困难，手也无法使用。"

"您没守主日吧？既然蒙了神的大恩，理当圣守主日，可为何没守呢？"

"我因惧怕丈夫，主日也去打工了。"

曾在开拓之时闻讯到本教会得到医治的她，却因害怕丈夫的逼迫，与世界妥协，以至于到如此的地步。

耶稣说："那杀身体不能杀灵魂的，不要怕他们；惟有能把身体和灵魂都灭在地狱里的，正要怕他。"（马太福音10章28节）她若有信心，即使受逼迫，或挨打也不会触犯神的命令，不守主日。

只要她相信神的同在，恒切祷告，神必会使万事都互相效力，成全她的心愿，使曾经逼迫她的父母或丈夫得到救恩。不妥协，持守信心，专心依靠神，或许暂时受逼迫，但结局是祝福，成就家庭福音化。

　　人若怕受逼迫而妥协，就会远离救恩。因此，不要惧怕任何辖制或逼迫，只要果敢地顺从神的旨意，遵行真理。

该为什么而活？

"食物是为肚腹，肚腹是为食物；但神要叫这两样都废坏。身子不是为淫乱，乃是为主；主也是为身子。并且神已经叫主复活，也要用自己的能力叫我们复活。岂不知你们的身子是基督的肢体吗？我可以将基督的肢体作为娼妓的肢体吗？断乎不可！"（6章13-15节）

食物是人类必要的生存条件。人类通过食物摄取营养，维持生命。然而，食物也是注定腐朽消灭的。神取走我们的灵魂，我们的身体也必然腐朽消亡。

世上的一切都是注定腐朽、消亡的，那么我们的身体该为谁而活呢？我们若不脱去淫乱、拜偶像、奸淫、贪色、亲男色、偷窃、贪婪、醉酒、辱骂、勒索等不义，就不能承受神的国，怎能顺着不义而活呢？

那么，"身子不是为淫乱，乃是为主；主也是为身子。"的意思是什么呢？耶稣为了使我们的身子复活，进神的国，就被钉十字架为我们舍命，我们因此而得以承受神的国。

我们若在不义中生活，就是罪人，不能承受天国，只能下入地狱。因此，我们理当为主而活，因为主是我们灵魂的主宰，祂用神的能力将我们引入天国。

14节说："并且神已经叫主复活，也要用自己的能力叫我们复活。"意即神要使我们的身体变成不朽的肉体，即完整的复活体。

15节说："岂不知你们的身子是基督的肢体吗？我可以将基督的肢体作为娼妓的肢体吗？断乎不可！"耶稣说："我是葡萄树，你们是枝子。"（约翰福音15章5节）我们是葡萄树上的枝子，是与葡萄树为一体。也就是说，是与主为一体，是基督的肢体。

我们主的身体是何等圣洁！祂的身体是无瑕疵，无玷污、洁净的身体。故此，身体上的肢体也要相应地洁净。一棵树上长有许多枝子，若其中一个枝子病枯了，就要将其截掉，才能成为一棵健康的树。我们的肢体也是如此，如果一只胳膊渐渐腐烂，应当将其截掉。

假如刚洗完澡，不慎身体的一个部位沾上了污物，此时你会有什么反应？因为大部位都干净，是否局部沾了污物你能不顾肮脏而吃饭、上床睡觉吗？一定会立刻去洗，好使全身洁净。神的儿女是无瑕疵、无玷污的主耶稣的肢体，因此要度过圣洁的生活，哪怕沾了一点"污物"也要重新清洗，保持清洁。

娼妓的属灵含义

"岂不知与娼妓联合的, 便是与她成为一体吗?因为主说:'二人要成为一体。'但与主联合的, 便是与主成为一灵。你们要逃避淫行。人所犯的, 无论什么罪, 都在身子以外;惟有行淫的, 是得罪自己的身子。"(6章16-18节)

前面保罗告诫成为基督肢体的哥林多教会教徒们说: 不要将自己的身体作为娼妓的肢体。娼妓是指为了获取经济利益而卖身的女子。然而, 这里娼妓的灵意是至此所论到的不义的统称。

淫乱、拜偶像、奸淫、作娈童、亲男色、偷窃、贪婪、醉酒、辱骂、勒索等违背真理的一切不义就是"娼妓"。因此, 我们决不能把基督的肢体作为娼妓的肢体, 即不义、污秽的肢体。

我们主的身体是圣洁的。人若成为是污秽的肢体, 却说自己信主, 这就等于在主的脸上吐唾沫。他所发出的不是基督的馨香之气, 乃是刺鼻的恶臭, 以致羞辱神的荣耀。

哥林多前书(上)

我们不是不义的人，而是被主的宝血所洗净的无瑕疵、无玷污的圣洁的神的儿女。因此，我们断不可犯不义的事，若心中有不义，应当迅速离弃净尽。

罗马书1章18节说："原来神的忿怒，从天上显明在一切不虔不义的人身上，就是那些行不义阻挡真理的人。"还有在歌罗西书3章25节说："那行不义的，必受不义的报应，主并不偏待人。"

神看人的内心，不看人的外貌，从不偏待人。一个人有敬虔的外貌，心里却充满不义，便是毫无用处。神不看人的外貌，因此我们的内心要更新而变化，当用主的宝血每天都洗净自己的心，成为敬虔而公义的神的儿女，不只在外表行为上圣洁。

人要理解神属灵的旨意并非易事，因此16-17节是用比喻来解释神属灵的旨意，以便叫人容易理解。这段经文的意思是：就像人离开父母，与妻子连合，二人成为一体（创世记2章24节），与娼妓联合的人就是与娼妓成为一体。

这是一种隐喻，灵意是：本应当与新郎——耶稣成为一体的人，反倒与娼妓成为一体。新郎耶稣意味着真理。我们本应当与真理，即神的道成为一体，但若顺着非真理而行，便是与娼妓成为一体。

前面提到，娼妓是指违背真理的一切不义。不与妻子联合，而与娼妓联合的人就是与娼妓成为一体。照样，不遵行神真理的话语，而顺着仇敌魔鬼所掌管的非真理而行的人，就是与非真理联合，与魔鬼成为一体。凡与娼妓联合，与其同流合污的人都是无法得救的。

与娼妓联合的人就是与娼妓成为一体，同样，与主联合的人，就能与主灵里合一。圣灵使我们明白神的话语，坚固我们的信心，指出我们的罪，并且帮助我们离弃罪，借此我们渐渐在真理里面得以完全，这个过程叫做从圣灵生灵。当我们不断离弃非真理，完全活在真理里面时就能变成属灵的人，此时我们已经是以耶稣基督的心为心（腓利比书2章5节），主的灵和我们的灵便是成为一体。

18节说："你们要逃避淫行。人所犯的，无论什么罪，都在身子以外；惟有行淫的，是得罪自己的身子。"淫行具有两种意义。属肉的意义是：淫荡的性行为；属灵的意义则是：我们不活在神的话语里面。神是我们的新郎，我们是祂的新妇。丈夫背着妻子与别的女人发生关系；女人背着自己的丈夫做出不检点的行为，均被视为淫行。

与此同理，旧约圣经将不守律法和诫命，拜偶像，或犯罪的人形容为行淫乱者、妓女、淫妇等。也就是说：我们不活在神的话语里面，就是行淫，因此神叫我们逃避这样的淫行。

那么，"人所犯的，无论什么罪，都在身子以外；"是什么意思呢？

我们若离弃罪，就与罪无关，从罪中得到自由，在真理里面得享自由。罪仍在里头，便是与罪相连，只有脱去罪恶，变成光明之子、属真理的人，才能与罪无关。

譬如：我们心里没有仇恨或杀人的心，这些罪就与我无关，都在身子以外。然而，那些行淫的人，即与世界妥协，行不义的人，就是将身外的不义取来，使其与自己的身体成为一体。

"岂不知你们的身子就是圣灵的殿吗？这圣灵是从神而来，住在你们里头的；并且你们不是自己的人，因为你们是重价买来的，所以要在你们的身子上荣耀神。"（6章19-20节）

旧约时代，圣灵不在人心里头，而是从外部给人赐下感动，使人领受启示，或说预言。因此，旧约时代的人们不能时常与神交通，感动过后就要靠自己的意志和信心过日子。新约时代则不同，因为圣灵住在我们心里，所以我们能够时常与神交通。

于是，我们的身体成为神的殿，变得极为珍贵和荣耀。圣灵常住在我们里头，我们若与娼妓，即不义联合，神的心会如何？住在我们里头的无瑕疵、无玷污、圣洁的圣灵，若住在污秽之中，该是多么悲痛、叹息！

活在真理里面的人一旦犯罪就心里苦闷、难过，原因是因为圣灵被困在污秽之中而悲痛、叹息。此时该怎么办？要迅速悔改归正，讨圣灵的喜悦。

接着说："并且你们不是自己的人"。从前我们随心所欲犯罪，行在不义之中。但因着主耶稣所流的宝血之功效，便成为主的所有。因为主用宝血买了我们，所以我们不能主张自己的身体，从此要照着神与主的旨意生活；要与罪相争，过圣洁的生活。不能将不是自己的，当作自己的来任意使用。

主用无瑕疵、无玷污的圣洁的宝血买了我们；是用天下无与伦比的重价买了我们，并赐予救恩与永生，因此我们应当用我们的身体归荣耀于神。发出基督馨香之气，叫不信的人因着我们的好行为归荣耀于神，说："看到这人，我也想去教会。"这就是信的人当尽的道理，也是人所当尽的本分。

哥林多前书10章31节说："所以，你们或吃或喝，无论作什么，都要为荣耀神而行。"还有在罗马书14章7-9节说："我们没有一个人为自己活，也没有一个人为自己死。我们若活着，是为主而活；若死了，是为主而死。所以我们或活或死，总是主的人。因此基督死了，又活了，为要作死人并活人的主。"

我们既然信神，理当脱去不义，遵行真理，与主灵里合一；或吃，或喝，无论做什么，都为荣耀神而行。

第七章

关于婚姻

典范的夫妻生活

分房的属灵含义

常像我独身就好

关于离婚

按信心的大小处事

注重行为和守诫命的差异

因现今的艰难，人不如守素安常才好

有女儿的父母和夫妻一方死亡的情况

典范的夫妻生活

"论到你们信上所提的事，我说男不近女倒好。但要免淫乱的事，男子当各有自己的妻子，女子也当各有自己的丈夫。丈夫当用合宜之分待妻子，妻子待丈夫也要如此。妻子没有权柄主张自己的身子，乃在丈夫；丈夫也没有权柄主张自己的身子，乃在妻子。"(7章1-4节)

使徒保罗在信中说男不近女倒好，是要预防招致试探的因素。

"男不近女倒好"之意是：在主降世以后的末时，我们不结婚而过独身生活，好好做新妇装扮，一心为神而活是更好的选择。但又提到，人若因独身的缘故而行淫，倒不如结婚为好。

如果我们为神而不结婚，却因行不义的事，成为罪人，被神弃绝，这是多么痛惜的事！若是那样，倒不如结婚为好，免得犯奸淫，或行淫，得罪神。

3节提到丈夫或妻子彼此要尽自己的义务。那么，怎样才是尽义务呢？身为丈夫应当在真理里面好好引导自己的家庭。就像神吩咐约书亚要刚强壮胆（约书亚记1章6、9节），作丈夫的若有英武勇猛的男子气概兼具诚实和热心，便是更好。

"要有英武勇猛的男子气概"是叫人具备德行，爱心丰盛，温柔谦和，对妻子和家庭尽自己应尽的义务，而不是叫人行使暴力。

那么，妻子当尽的义务是什么？作妻子的应当不喧嚷、温雅、善于顺从，凡事忍耐。而且要在真理里面教导儿女。

没有权柄主张自己的身子是什么意思？

丈夫和妻子彼此都没有权柄主张自己的身子，此话的属灵含义是：作为丈夫，或妻子，彼此都要有主人意识。夫妻是一心同体，不是个体。丈夫不能主张自己的观点，妻子也不能只主张自己的意见，应当彼此抱着主人意识，同心合意，彼此商议，和睦同居。

创世记2章24节说："因此，人要离开父母与妻子连合，二人成为一体。"夫妻是一体，所以不能彼此各执己见，独断偏行。

夫妻之间也要带着主人意识，彼此同心合意，不主张自己的想法，在真理里面同忧伤，共喜乐。

次序上，男人是女人的头，但要彼此推让，承认对方作主人的权利。丈夫若承认妻子的权利，就不会固执己见，一意孤行。

分房的属灵含义

"夫妻不可彼此亏负，除非两相情愿，暂时分房，为要专心祷告方可；以后仍要同房，免得撒但趁着你们情不自禁引诱你们。我说这话，原是准你们的，不是命你们的。"（7章5–6节）

这里说夫妻不要分房，并不是叫夫妻不要分房间，必须要同住一屋。如今，居住空间宽敞的家庭，夫妻出于方便各自使用一个房间的事并不少见。不要分房的意思并不是叫这些人同住一个房间，不要分房。

这里包含着属灵的含义，"房间"意味着我们的心。神在马太福音6章6节吩咐我们要进到"内屋"祷告。

"内屋"顾名思义是与外部隔绝的隐蔽的地方，其灵意是指我们的内心。圣经上根本没有哪位古人先知，或耶稣进到内屋祷告的记录。但以理敞开窗户面向耶路撒冷祷告；彼得在房顶上祷告；耶稣在旷野，或在山上祷告。进到内屋祷告的灵意是：祷告要专心致志，发自内心。

同样，夫妻不要分房的灵意是：夫妻之间不要分心，要在真理里面同心。意念或许难以合一，但心是可以合一的。真理是独一的，因此活在真理里面的人，就能彼此同心。

接着说："除非两相情愿，暂时分房，为要专心祷告方可；以后仍要同房，免得撒但趁着你们情不自禁，引诱你们。"

夫妻不同心，就会招致撒但的试探。丈夫和妻子彼此分心，就会彼此感到孤独，烦闷，以致彼此纷争，或遭到撒但的亵渎，入迷惑，弄不好还会犯情欲的事，因此要立刻合起心来，免遭撒但的试探。

但有时会遇到夫妻不得不分房的情况。当发生个人、事业、工作上的问题，或者要成就神的事情而需要祷告时，夫妻不得不身心彼此分离。

就是说，夫妻一方需要禁食，或上山祷告，或做100天通宵祷告时，为了专心祷告，不得不分房。这是具有美好意义的分房，但祷告结束后要立刻合起心来。

分房时要注意的是一定要跟对方商议。如果夫妻一方为解决某种问题而要到教会做通宵祷告，应当事先与对方商议。夫妻之间若不尊重对方的意愿而随心所欲，我行我素，便互相伤害感情，发生纷争。家庭不和睦，神不喜悦，儿女们也走偏路。因此夫妻之间要互相尊重，凡事和睦。

上述的是属肉的意义，属灵的意义也相仿。耶稣是我们的新郎，我们是祂的新妇。因此我们应当与神同心，在真理里面成为一体。腓利比书2章5节说："你们当以基督耶稣的心为心。"为此我们必须住在真理里面。因为真理就是耶稣基督的心，所以只要我们住在真理里面，就能与耶稣基督成为一体。

　　我们若与神分房会如何呢？自然遭到撒但的亵渎、攻击。我们不与神在真理里面合一，就会恋慕世界，陷入罪的引诱，成为仇敌魔鬼、撒但的玩物，遭遇试探患难。反之，我们在真理里面与主合一同心，就能全然遵行神的旨意，免遭试探患难，即使遇到试探患难，神会使万事都互相效力，使我们得益处。

　　6节说："我说这话，原是准你们的，不是命你们的。"保罗在接待耶稣基督之前是一个非常耿直而血气方刚的青年。然而，自从遇见主以后，他变成常常喜乐，凡事谢恩，模成主形像的圣洁的人。

　　保罗德爱兼备，教导人的时候从不命人做这做那。他虽有使徒的权柄，却从来没有命令羊群，只是以神的道，劝勉和开导羊群。我们作首的工人，也不能指示和命令羊群，应当劝勉和开导羊群。

　　我有时遇到为了成就神的事需要全体圣徒禁食祷告的情况。即便是这种情况，我也采取了劝勉的态度，我对圣徒们说："神的旨意如何如何，愿意的圣徒们可以参与禁食祷告。但各人可以按照圣灵的带领自由选择。"

偶尔看到随意对人下指令的工人。我见到这种情形很心疼，就劝勉他说："耶稣来到这世界，不是要受人的服事，而是要服事人。我们应当看别人比自己强。"

不仅要在教会如此，在家庭，对父母、对儿女也要如此。在社会上，作为上司也不要对下面的人采取命令的态度，而应当用主的心肠、保罗的心肠，用爱心和德行进行劝勉和引导。

常像我独身就好

我愿意众人像我一样；只是各人领受神的恩赐，一个是这样，一个是那样。"(7章7节)

使徒保罗所说的话都是出于圣灵的作工。他时常清晰听到圣灵的声音，得到圣灵引导和主管，因此，他口里说出的话尽都是神的话语。

他说希望众人都像他一样。那么，他为何不说希望众人像耶稣，或像神一样，而说希望像他自己呢？

因为他爱神的心已得以完全，凡事按着真理而行，以主的心为心。保罗希望众人能够效法他的这些方面。除此之外，保罗还有哪些方面值得我们去效法呢？使徒保罗一辈子没有结婚，他在进行第一次、第二次、第三次传道旅行时也是独身。

保罗在哥林多前书9章5-12节说自己也有权娶信主的姊妹为妻，带着一同往来，仿佛其余的使徒和主的弟兄，并矶法一样，但为了耶稣基督的福音而不那么做。并说希望众人也都能像他一样过独身生活。

但在7节说："只是各人领受神的恩赐，一个是这样，一个是那样。"这里所谓恩赐不同于方言的恩赐、医病的恩赐等圣灵的恩赐，乃是指从神领受的恩典。

我们都从神领受了大大小小的恩典。其中比什么都大的恩典是：我们本注定灭亡，落入地狱的罪身，获得进天国，享永生的资格；从魔鬼的儿女，成为神的儿女，名字记录在天国的生命册上，这是何等浩大的恩典啊！

然而，感受这一恩典的程度因人而异。有的人告白："我从神所蒙的恩典实在太大，令我无比感恩，因此我已立志不结婚，将一生献于神，单单侍奉神。"

一个人若能像使徒保罗一样，虽不是神的仆人，只是作为一个平信徒，却不陷入罪恶的深渊，而尽心尽意，尽赤诚，一生为主忠心，将是极大的福气。

如果我在结婚之前接待主并且认识了真理，就一定会过像使徒保罗一样的生活。因为神的恩典实在太大，我会尽心、尽意为主献身，至死忠心，竭力回报神的恩典。如此，蒙神恩典大的人还是像使徒保罗一样过独身生活为好。

"我对着没有嫁娶的和寡妇说，若他们常像我就好。倘若自己禁止不住，就可以嫁娶。与其欲火攻心，倒不如嫁

娶为妙。"（7章8-9节）

　　所谓"没有嫁娶的"是指未婚男女；寡妇是指离婚的人，或配偶死亡的人等。保罗指着他们说"若他们常像我就好。"其理由是什么呢？

　　女人结婚后既要服侍丈夫，又要服侍神，因此难免有些忙乱，而且分心。丈夫会厌烦妻子参加祷告会，要求妻子服侍自己。结婚之前在神面前发出热心的女人，一旦结婚就会因忙于伺候丈夫，养育儿女，料理家务而轻忽神的圣工，因此说不结婚更好。

　　但是，人若不能克制自己的情欲，倒不如结婚为妙。意思是：一个人若看到别人结婚成家，就觉得羡慕，又思慕异性，倒不如结婚为妙。

　　马太福音5章28节耶稣说："只是我告诉你们：凡看见妇女就动淫念的，这人心里已经与她犯奸淫了。"因此，一个人与其过着独身生活，犯奸淫，不如结婚成家，成就服侍神的模范家庭。结婚不是罪，神也不会因人结婚就说"你不爱我"，或者"你让我忧伤"。

关于离婚

"至于那已经嫁娶的，我吩咐他们，其实不是我吩咐，乃是主吩咐说：'妻子不可离开丈夫，若是离开了，不可再嫁，或是仍同丈夫和好。丈夫也不可离弃妻子。'我对其余的人说，不是主说，倘若某弟兄有不信的妻子，妻子也情愿和他同住，他就不要离弃妻子；妻子有不信的丈夫，丈夫也情愿和她同住，她就不要离弃丈夫。"（7章10-13节）

6节说"准你们"（劝勉之意），这里则说"吩咐你们"，这是为什么呢？在此我们要认清劝勉和吩咐的差异。保罗在传达神的话语时用吩咐一词，说自己的想法时用劝勉一词。

保罗在这里使用吩咐一词，是因为他在传达神的旨意，而非自己的想法。主的仆人传达神吩咐的话语时，不能说"望你们如何做"或"我劝你们如何做"。因为他所传的是神的话语，所以用吩咐的方式教导人。

本文说"结婚的人不要分离"。此话的意思是：叫人不要离婚，也不要分居。还说：如果是已经离婚，或分居的人，不要再跟别人结婚，要么过独身生活，要么重新和好。

不信神的人情况不同，但信的人夫妻之间分居或离婚，是不合宜的。夫妻之间即使性格和想法不同，也要互相理解、推让、顺着对方。有信仰的夫妻，理当彼此爱里合一，互相宽容，这是信神的人当尽的道理。

"丈夫也不可离弃妻子"，是叫丈夫不可先对妻子说："我与你情不投意不合，我们分手吧！"这样的话是不信神的世人说的，信神的人不可以说这种话。

12-13节说："我对其余的人说，不是主说，倘若某弟兄有不信的妻子，妻子也情愿和他同住，他就不要离弃妻子；妻子有不信的丈夫，丈夫也情愿和她同住，她就不要离弃丈夫。"

这不是神的话语，乃是使徒保罗的意见，但可以说这里保罗的意见，就是神的旨意，因为使徒保罗能清晰听到圣灵的声音，并且以主的心为心，模成了主的形像。

旧约的律法，禁止神的百姓与外邦人结婚。照样，到了新约时代，信主的人也要同信主的人结婚，这是神的旨意。

那么，为何出现夫妻一方不信神的情况呢？那是因为他们是在不认识神之前结的婚，后来一方接受福音而出席教会。此时，信神的人应当殷勤给对方传福音，实现夫妻一同出席教会。但也有一方始终不领受福音的情况。

本文说，即使妻子不领受福音，不出席教会，丈夫也不能对妻子说"你不去教会，我们就分手吧。"不信的妻子若情愿和丈夫同住，就不要离弃她。但这里提到附加条件——"情愿和他同住"。对妻子出席教会，丈夫不出席教会的情况也是相同的原则。但这并不意味着对方不情愿同住，就可以离弃他（她）。

> "因为不信的丈夫就因着妻子成了圣洁，并且不信的妻子就因着丈夫成了圣洁（"丈夫"原文作"弟兄"）。不然，你们的儿女就不洁净，但如今他们是圣洁的了。"（7章14节）

本节阐述了"不可离弃不信的妻子或丈夫"的理由。例如：妻子信，丈夫不信，妻子就该为拯救丈夫而恳切祷告，并竭力给他传福音。从前对丈夫犟嘴，发脾气的妻子，如今变成谦恭服侍丈夫的可爱的妻子，丈夫自然就打开心门，领受妻子的劝言。

加上按时把信仰经历的见证和神的话语讲给丈夫听，起初看似当作耳边风，但这些真理久而久之会一点一点栽植在他的心中，以至使他悔改认罪，接待耶稣基督。丈夫出席教会，聆听真理之道，就会渐渐变为圣洁。

丈夫出席教会，妻子则不是的情况并不多见，但这种情况也是跟上述一样。此时，丈夫应当以身作则，引领家庭，积极帮着妻子做家务，加上按时送礼物给妻子，凡事用善心和爱心服侍妻子，妻子自然就会顺从丈夫，以至接受福音，出席教会，聆听神的话语，渐渐变为良善和圣洁。

14节说："不然，你们的儿女就不洁净，但如今他们是圣洁的了。"此话的意思是：作儿女的，若其父母一方不出席教会，大体会多受那不出席教会之人的影响。

如果丈夫出席教会，妻子不出席教会，这种情况下往往是妻子平时不顺从丈夫的话，妻子比丈夫固执，其儿女们自然受妈妈的影响，而不接受信仰。

反之，妻子出席教会，丈夫不出席教会，这种情况下丈夫会不尊重妻子的话，反倒加以逼迫，并且叫儿女不要信，教导非真理。因此说，父母都不信，或父母一方不信的情况下，儿女得洁净是很难的。

"但如今他们是圣洁的了。"此话的意思是：如果夫妻一方以身作则，殷勤传福音给不信的对方，以至夫妻一同出席教会，夫妻将会渐渐变成真理的人，父母成圣了，儿女也自然效法父母渐渐成圣。

"倘若那不信的人要离去，就由他离去吧！无论是弟兄，是姐妹，遇着这样的事都不必拘束。神召我们原是要我们和睦。你这作妻子的，怎么知道不能救你的丈夫呢？你这作丈夫的，怎么知道不能救你的妻子呢？"（7章15-16节）

意思是：若不信的丈夫或妻子，提出离婚，信的人就不必拘束，可以离婚。但这不是说丈夫提出离婚，就要无条件与其离婚，此话是针对极端的状况而言的。

例如：丈夫逼妻子要在教会和丈夫之间选择其一。在这种情况下应当怎么办？妻子总不能选择丈夫，撇弃神而下入地狱吧！如果丈夫行使暴力，并且强逼妻子说"你去教会，我们就离婚。"此时妻子选择离婚并不成立罪。她若因惧怕逼迫或离婚而叛离神，就是证明她根本没有信心；没有信心，结局就是地狱。

马太福音10章28节说："那杀身体不能杀灵魂的，不要怕他们；惟有能把身体和灵魂都灭在地狱里的，正要怕他。"人可以杀身体，但不能杀灵魂。惟独神能叫我们的灵魂进天国，或下入地狱。因此，我们不要怕那些能杀我们肉体之生命的人们，只要怕主宰天地万物的神，单单顺从祂的言语，因为肉体的生命是暂时的，是注定要消亡的。

但人不能无条件地选择离婚，因为保罗说"神召我们原是要我们和睦。"借此，我们可以了解神的心意，即神希望祂的儿女们都能成就和睦而平安的家庭。因此我们要尽可能避免离婚，极力营造美丽的家庭，使不信的妻子或丈夫因着我们得到拯救。

按信心的大小处事

"只要照主所分给各人的, 和神所召各人的而行。我吩咐
各教会都是这样。有人已受割礼蒙召呢, 就不要废割礼;
有人未受割礼蒙召呢, 就不要受割礼。"(7章17-18节)

主为了将我们引入天国, 就将圣灵赐给了我们。圣灵帮助我们
明白真理, 醒悟己罪, 靠着信心得到救恩。

"只要照主所分给各人的, 和神所召各人的而行。"此话是叫
我们按信心的分量处事。我们在主面前, 只要按照自己的信心的大
小和神所赐的恩典行事就可以。

我们不能对不懂真理的初信徒说: "主日应当关闭店门", 或
"不献十分之一会受神的管教"。若是从起初就给他们压力, 增
加负担, 对该喂奶或喂粥的婴孩喂饭或喂肉, 只能导致"消化不
良"。因此我们应当按照个人信心的大小, 进行智慧的开导。

接着说: "有人已受割礼蒙召呢, 就不要废割礼; 有人未受割

礼蒙召呢，就不要受割礼。"

以色列的男子要在生后第八天接受割礼。割礼是神通过亚伯拉罕所应许的立约的象征。

受割礼的理由，其一是在肉体上清洗污秽，除去病菌；其二是要与神立约。旧约时代，人们还未领受圣灵，因此将在肉体上做的割礼，作为神百姓的印记。新约时代，人们则不是靠肉体的行为得救，因此要受心里的割礼，割除污秽，自洁成圣。

"已受割礼而蒙召者"是指因行了割礼，有了神立约的印记，从而成为神百姓的人。"未受割礼而蒙召者"是指外邦人。"就不要废割礼"是叫神的百姓不要远离真理，离弃信心。作为神的儿女，不应该像世俗的人那样犯罪，与世妥协，就像未受割礼的人一样生活。

那么，"有人未受割礼蒙召"是指未受割礼的人，即外邦人蒙神呼召成为神的儿女。就是说，这样的人不要像受割礼的人，即旧约时代的以色列百姓那样，停留在因守律法而得救的信仰水准。因为我们是因信耶稣基督而得救，并非靠着行为得救。

注重行为和守诫命的差异

"受割礼算不得什么，不受割礼也算不得什么，只要守神的诫命就是了。各人蒙召的时候是什么身份，仍要守住这身份。"（7章19-20节）

我们都是蒙召到神面前的人，就不必像旧约时代那样做行为上的割礼，因为这不是救恩之路，也不会成为天国的赏赐。

那么，我们应当怎样行呢？本文所要表明的意思是：基督徒只有遵守神的诫命，显出爱神的凭据，才能走救恩的道路。

对此，很多人持有误解，不懂真理的人们说："现在是新约时代，我们岂是要遵行旧约时代的律法，靠着行为得救吗？我们是因信得救的。"他们这样说是因为不明白什么是信。

那么，注重行为和守诫命有怎样的区别呢？遵守神的诫命意味着做心里的割礼——脱去心里的污秽，照着神真理的话语洁净自己。

旧约时代的人们，只要行为上遵行律法，就被认为是无罪。例如：人看见妇女就动淫念，也不算是罪，因为没有实际行淫。但新约时代则只要心里动了淫念，这人就已经犯了罪。神是要我们将根本污秽的心除去净尽。我们不仅要洁净自己的行为，也要除净心里的非真理，这才算是真正守住了诫命。

心里不清洁，而只有律法的行为，是毫无用处的，因为我们得救不在乎行为。人若出席教会，却不活在真理里面，仍旧行不义，即使他守主日，奉献十分之一和感谢礼物也是不得救的。对不做心里的割礼，行不法之事的人，神不以他为有信心。

神的旨意是叫我们除去各样的恶事（包括情欲的事和肉体的事），在真理里面自洁成圣，因此保罗说受割礼算不得什么，不受割礼也算不得什么，只要遵守神的诫命。

罗马书10章10节说："因为人心里相信，就可以称义；口里承认，就可以得救。"心里信神的人，必然遵行神的诫命。他们从心里脱去罪恶，遵行诫命，自然做成心里的割礼，渐渐变成真正的义人。

仍要守住蒙召时的身份

20节说："各人蒙召的时候是什么身份，仍要守住这身份。"此话的意思是：我们既然接待了耶稣基督，就当安分守己，信神要在行为和诚实上（约翰一书3章18节）。如果是军人，就当在军旅生活中过虔诚的信仰生活。信徒无论置身于公司，还是销售行业，都要过虔诚的信仰生活。

有人说：我因为喝酒，所以不能去教会；有人说：我因为经营店铺，所以主日不能出席教会；有人说：因为我们单位主日不休息，所以不能去教会。然而，神叫我们在自己所处的状况中，到主面前来为主忠心，用行为和诚实过信仰生活。

> "你是作奴仆蒙召的吗？不要因此忧虑。若能以自由，就求自由更好。因为作奴仆蒙召于主的，就是主所释放的人；作自由之人蒙召的，就是基督的奴仆。"（7章21-22节）

人通常都是隶属于某个组织或团体。本文所显明的意思是：你无论在隶属于谁的状态下蒙召，也不要忧虑，身体虽然隶属于他人，但心灵要向往神，追随真理。

当然，我们倘若能过自由的信仰生活，就求自由更好。不受任何约束和辖制，能够尽情地为神侍奉，这是最好不过的了。总之，两者都可取，但能以自由，就求自由更好。

22节说："因为作奴仆蒙召于主的，就是主所释放的人；"。

我们若打开心门接待耶稣基督，便是属基督的人了。这里所谓"奴仆"包含着两种意义。

首先是受世界辖制的奴仆。这不是指世上的奴仆，乃是指在做世上的工作的同时，信仰主，并将心献于神的人。这样，用心灵守主诚命的人，就会像约翰福音8章32节所说"你们必晓得真理，真理必叫你们得以自由。"在主里面成为自由的人。

其次是在主里面受辖制的奴仆。就是指作为主的仆人，走主的道路之人，以及以侍奉神为主人，并为神作工的教会的义工，他们也是属于主的自由人。

在初信徒、不明白真理的人，或勉强担当使命的人当中有些人说"我因受主的约束，所以没有自由，我受教会的约束，所以没有自由。"他们误以为自己在受神或教会的约束，然而那不是约束，乃是自由。其理由是什么呢？

如果我们没有蒙召为主的仆人，是谁的奴仆呢？岂不是世界的奴仆、魔鬼的奴仆吗？我们得以脱离这般的捆锁，得到真自由，步入永生之路，这岂不是真正的自由！

大家走主仆的道路，或在教会里面担任某种职分，就是为神的国和神的义，以及为自己和主内的弟兄舍己献身。这是生命和永生的道路，是在地上蒙福的路径，也是在积攒天国的奖赏。

这是使自己灵肉间得以强健，灵魂得以兴盛，使教会兴旺，使主内的弟兄蒙福的道路，是多么值得庆幸和感恩的事呢？因此，我们当致力于主的圣工，领受真信心、平安和自由。

不过，为何说"作自由之人蒙召的，就是基督的奴仆"呢？仆人是要对主人无条件地顺从。凡作主仆的，神就是他们的主人。因此，不可有自己的意思，只要单单遵从神的意旨，即真理。他们既是走生命与永生之路的自由人，又是隶属于神和真理的仆人。在真理里面做仆人的，才是真正的自由人。

"你们是重价买来的。不要作人的奴仆。弟兄们，你们
各人蒙召的时候是什么身份，仍要在神面前守住这身
份。"（7章23-24节）

神为了赐我们真生命，就用自己的独生爱子耶稣的宝血买了我
们，因此我们不是属于自己的，乃是属于神的。尽管如此，不把自
己的人生向神交托的人是不会蒙神赐福。我们若将自己的一切向神
奉献，就能得享真幸福和真自由，并能得享与神同行、凡事亨通的
祝福。

就像使徒保罗所说"我是天天冒死"（哥林多前书15章31
节），我们也当天天治死老我，服从真理，好使神主管我们的心思
意念，使我们能够清晰听到圣灵的声音，得享凡事亨通的祝福。

"不要作人的奴仆"并不是叫我们不要受公司的管束，而是叫
我们不要随从违背真理之人的法度。耶稣也曾说："那杀身体不能
杀灵魂的，不要怕他们；惟有能把身体和灵魂都灭在地狱里的，正
要怕他。"（马太福音10章28节）按着定命，人人都有一死，肉身
终必消亡，但灵魂是永恒的。因此，不要怕那杀肉身不能杀灵魂的
人，乃要怕主宰我们灵魂的神。

当中了奸臣们诡计的王，发布"一个月之内无论何人都不可除
了王以外祈求别神"的禁令时，但以理因为那禁令不合乎真理，就

没有去遵守。

但以理明知道违背王命，一定会被扔进狮子坑中，但他为讨神的喜悦，断然违背王的禁令。他没有惧怕那能杀肉身的君王，只怕主宰万有的神，遵行神的法度，结果神使万事都互相效力，使他大显神的荣耀。

使徒行传4章记载，大祭司、官府、长老和文士，恐吓使徒们，禁止传扬耶稣基督的情形。当时，彼得和约翰回答说："听从你们，不听从神，这在神面前合理不合理，你们自己酌量吧！我们所看见、所听见的，不能不说。"

意思是：不畏逼迫，传扬福音，是神的命令，所以我们不听从人，乃要听从神。神以耶稣基督的宝血为代价买了我们，又将我们引入永生之路，所以我们要顺从神的话语，而不能作人的奴仆。

24节说："弟兄们，你们各人蒙召的时候是什么身份，仍要在神面前守住这身份。"此话是什么意思呢？就是叫我们守住蒙召之时的身份，照着神的话语生活。人不能轻易说，我要辞掉工作，为神尽忠，专职侍奉神。各人要在自己的岗位上，竭力遵行神的话语，发出基督馨香之气，拯救灵魂，度过荣耀神的人生。

因现今的艰难，人不如守素安常才好

"论到童身的人，我没有主的命令，但我既蒙主怜恤能
作忠心的人，就把自己的意见告诉你们。因现今的艰难，
据我看来，人不如守素安常才好。"（7章25-26节）

保罗说："论到童身的人，我没有主的命令，"。的确，从旧约
到新约整本圣经没提及对童身的婚姻观。主满有恩慈，公义和慈
爱，使徒保罗为主作工时，不论遇到任何环境，任何逼迫和患难，
都没有发怨言或哀叹，一直到死，在神面前尽职尽忠。

这样的使徒保罗在述说自己的意见，因为论到童身的人，圣经
诫命中没有提及，所以保罗在下一节说"就把自己的意见告诉你
们"。并且，强调说："但我既蒙主怜恤能作忠心的人，就把自己的
意见告诉你们。"

26节说："因现今的艰难，据我看来，人不如守素安常才好。"
信的人都知道自己的名字记录在天国生命册上的事实，也知道主

再临之后，会有七年大灾难，千年王国，白色大宝座审判到来。保罗提到"现今的艰难"，是在表示末日的审判已临近，而并不是因为他当时以为主即将从空中再临。

末日的审判是人人都要遭遇的，有的人年幼丧命，再说人即使强壮，也顶多能活到七十岁、八十岁。人一旦死亡，就再也没有悔罪或更新心灵的机会，必然要站在神的审判台前。因此，不论2000年前的人，还是100年前的人，末日的审判总是离他们很近。

保罗说"因现今的艰难，人不如守素安常才好"，并在下一节详细阐述其理由。

> "你有妻子缠着呢，就不要求脱离；你没有妻子缠着呢，就不要求妻子。你若娶妻，并不是犯罪；处女若出嫁，也不是犯罪。然而这等人肉身必受苦难，我却愿意你们免这苦难。"（7章27-28节）

"有妻子缠着"是指已婚。本章第四节论到："妻子没有权柄主张自己的身子，乃在丈夫；丈夫也没有权柄主张自己的身子，乃在妻子。"意思是夫妻彼此约束对方。

"脱离"是指分离，因此"不要求脱离"是指不要离婚。保罗是在说：若是不懂真理而离了婚，或夫妻当中一人死亡，最好是继续过独身生活，不要再婚。

不过，人娶妻、出嫁都不是罪，使徒保罗这样说乃是因为愿意我们免受苦难，因为结婚的人，肉身必受苦难。

如果男人不娶妻而守独身，就能一心爱神，为神尽忠。因为没有缠累，所以能尽情探访圣徒，做通宵祷告。

然而，结婚的人就不能随心所欲，而且肉身必受苦难。他们要担负赚钱养家的重任，心里固然愿意将更多的时间献于神，但还要满足妻子和儿女们的陪同请求。如果女人遇见不信的丈夫之后，甚至连主日都守不好。

"弟兄们，我对你们说，时候减少了。从此以后，那有妻子的，要像没有妻子；哀哭的，要像不哀哭；快乐的，要像不快乐；置买的，要像无有所得；用世物的，要像不用世物；因为这世界的样子将要过去了。"（7章29-31节）

关于在主来的日子临近之时，信神的人当怎样度日，本文给出了明确的答案。

"那有妻子的，要像没有妻子"，此话不是叫人离婚，而是指作丈夫的虽被妻子缠着，但不要单为照顾妻子，忽略对神的侍奉。该献于神的要献于神，但也要忠于家庭，尽妻子，或者丈夫当尽的本分，而不可侍奉妻子或丈夫，胜过服侍神。

还说"哀哭的，要像不哀哭"，意思是：人活在世界上常经悲伤、忧愁和痛苦。然而，基督徒在面临试探患难时，也要带着天国的盼望，常常喜乐，凡事谢恩，准备好灯油，每天都度过充满恩典的生活，因为主要快来。

那么，"快乐的，要像不快乐"是什么意思呢？

我们蒙了祝福心里快乐，就到悲伤的人面前说"我如何如何蒙了祝福"，便会使他更加悲伤。因此，我们要分清状况，时机和场所，行事为人有智慧，有德行。

"置买的，要像无有所得"是指在世上经商致富的人，不要显耀自己的富有。即使在世腰缠万贯，等主再来，那些都是枉然。因此，不要夸耀那些注定腐朽之物，乃要懂得知足，对神忠心。

在主再来的日子临近之时，"用世物的，要像不用世物；因为这世界的样子将要过去了。"世上有许多的物，其中有与拜偶像、奢侈享乐，或赌博相关的，这些都是神不喜悦的，因此要克制使用那些世物。而且，我们不要过分奢侈，免得绊倒主内的弟兄；生活窘迫的人更不要奢侈，免得受人指指点点。

我们一定要照着上述的话去做的理由是："因为这世界的样子将要过去了。"这地上的一切，都是虚空无益而注定腐朽消亡的。当主召唤我们灵魂时，我们不能带走这世上任何一样东西，一切都要归为虚空。若有弟兄因着我们享受华贵而感到痛心，或跌倒，我们可以为弟兄舍弃那种享受。

> "我愿你们无所挂虑。没有娶妻的，是为主的事挂虑，想怎样叫主喜悦；娶了妻的，是为世上的事挂虑，想怎样叫妻子喜悦。妇人和处女也有分别。没有出嫁的，是为主

的事挂虑，要身体、灵魂都圣洁；已经出嫁的，是为世上
的事挂虑，想怎样叫丈夫喜悦。"（7章32-34节）

主说"一个仆人不能事奉两个主"（路加福音16章13节），是
教导人要一心一意侍奉神。为主的缘故不娶妻的人，他的心会单
单向往神，他们时常为主的事挂虑："怎样能得主的喜悦？怎样能
求神的国和神的义？"他们将把在世上工作以外的时间为神的国和
义而使用。

然而，娶妻的人是为家庭和世上的事而操心，很难专心为神忠
心侍奉。

身为寡妇守独身，或为神的缘故不出嫁的女人，能够专以主的
事为念，时常挂虑"怎样能在神面前洁净身心，做好新妇装扮？"
一心追求过圣洁的生活。

然而，出嫁的人会分心，时常挂虑怎样讨丈夫的喜悦，使自己
在丈夫眼中看为可爱，蒙丈夫的爱。当然，不是说这样做不好，做
妻子的当然要这样做，尽可能蒙丈夫的爱，营造美丽的家庭。

"我说这话是为你们的益处，不是要牢笼你们，乃是要
叫你们行合宜的事，得以殷勤服侍主，没有分心的事。"
（7章35节）

使徒保罗阐述结婚对人不利之处之后，在本文说明，因仰望天

国的荣美和奖赏而将无瑕疵、无玷污的身心完全向主献上的人，比结婚的人受益更大。

保罗这么说是为了我们的益处，而不是要牢笼我们，只是告诉我们更为有益的事，况且结婚不是罪，因此大家不必因这些话语而感到负担。

再者，现今时代，不结婚，以童身完全献于神的人，他（她）的信仰一定是非同一般，这只有以爱神为至上的人才能做得到。因此人不能轻易向神许愿不结婚。

当然，如果你深明神的慈爱，对祂宏恩大爱感激不尽，并有为神倾尽生命的心志，你就可以向神许愿不结婚，神必会悦纳。倘若基督徒活在世上，既要侍奉神，又要侍奉世界，就会导致分心走意，内心纷扰。于是，使徒保罗对我们正确传达神的旨意，指明更为蒙福的路径。

有女儿的父母和夫妻一方死亡的情况

"若有人以为自己待他的女儿不合宜, 女儿也过了年岁, 事又当行, 他就可随意办理, 不算有罪, 叫二人成亲就是了。倘若人心里坚定, 没有不得已的事, 并且由得自己作主, 心里又决定了留下女儿不出嫁, 如此行也好。这样看来, 叫自己的女儿出嫁是好, 不叫她出嫁更是好。"(7章36-38节)

这是针对那些身边有已过婚龄的女儿的母亲说的劝言。母亲信心大, 可以不叫自己的女儿出嫁。然而, "若有人以为自己待他的女儿不合宜" 是指因着不出嫁的事, 有人提出抗议的情况。

譬如: 会有父亲主张叫女儿出嫁, 或者本人表示出嫁之意的情况。因此, 本文的意思是: 母亲照自己的信心, 不肯叫女儿出嫁是好, 但若因此招致试探或逼迫, 或者有出嫁的必要, 可以叫二人成亲, 这不算有罪。

37节论到与之相反的情况。倘若母亲有坚定的信心，愿意劝导女儿走祝福之路，而且没有试探、逼迫、拦阻，也没有不得已的事，此时，母亲若由得自己作主，心里又决定了留下女儿不出嫁，如此行也好。

如今，作母亲的没有这种权利。因为从前儿女们的婚姻大多都是由父母作主的，但如今则是作父母的，更尊重儿女的意思。

按着信心说，不叫女儿出嫁为更好，但不必为此而烦恼、苦闷，因为叫女儿出嫁不是罪，也不是过犯，只是说在神看来，人不结婚更是好。

> "丈夫活着的时候，妻子是被约束的；丈夫若死了，妻子就可以自由，随意再嫁，只是要嫁这在主里面的人。然而按我的意见，若常守节更有福气。我也想自己是被神的灵感动了。"（7章39-40节）

如哥林多前书7章4节所说，女人一旦结婚就受丈夫的约束。但若丈夫死了，可以自由，随意再嫁，但只是要嫁主里面的人。有信心的人找信主的人做配偶是理所当然的，关于这无论旧约，还是新约多处有记载。

有人问："信的人跟不信的人结婚，领不信的人归主不就一举多得吗？"如果人能够遂其心愿，这当然是好事，然而，大多数情况是适得其反。

有一次有位女圣徒前来向我咨询婚姻问题，事情是这样的：有一位男士向这位从婚前就开始出席教会的女圣徒求婚。当时她拒绝那位男士说："我是基督徒，不能跟不信的人结婚。"然而，对方说："好吧！那我就出席教会。"就这样他开始自愿出席教会，最终俩人结为夫妻，成立了家庭。

　　但结婚之后，丈夫的心变了，不再出席教会。不仅如此，他还逼迫拦阻妻子去教会，甚至动不动就殴打妻子。这位女圣徒在我面前诉苦，并向我询问解决方法。实在令人痛惜。

　　仇敌魔鬼、撒但，如同吼叫的狮子，遍地游行，寻找可吞吃的人。魔鬼、撒但迷惑基督徒的时候，往往唆使其周围的人进行迷惑，要夺走他们的信心。因此，信神的人若不站立在磐石之上，就容易中撒但的诡计，与世俗妥协，甚至会叛离神。神因爱自己儿女的缘故，恳切呼吁祂的儿女们成亲，要在主里面成亲。

　　保罗在40节讲述何为更好的选择。人结不结婚，在乎自己的选择，但在主里面成亲才是合神的旨意。不过，一个热爱神，并对神有忠心的人，守独身是更好的选择。

　　"我也想自己是被神的灵感动了。"保罗这样说的原因，是因为保罗曾说这是我的意见，所以恐怕人们误以为这些话是出于使徒保罗个人的意思。

　　此话包含着两种意义。其一是："我也是领受圣灵的人，是照着圣灵的运行而说话。"其二是："我也是顺着圣灵的旨意，选择更美的事，不娶妻，将完全洁净的身体献于神。"

哥林多前书（上）
Lectures on 1 Corinthians: Volume 1

在未获得乌陵出版社书面许可的情况下，不得对本书的内容进行制本、复印、电子传送等。

本书所引圣经经文取自《现代标点和合本》

作　　者: 李载禄
编　　辑: 宾锦善
设　　计: 乌陵出版社设计组
发　　行: 乌陵出版社（发行人: 宾圣男）
印　　刷: 艺源印刷厂
出版日期: 2007年 4月初版（韩国，乌陵出版社，韩国语）
　　　　　2012年 2月初版（韩国，乌陵出版社）

问 讯 处: 乌陵出版社
电　　话: 82-2-837-7632 / 82-70-8240-2072
传　　真: 82-2-869-1537

"乌陵"是旧约时代的大祭司为了求问神的旨意而使用的决断的胸牌，希伯来原意为"光"（出埃及记28章30节）。"光"代表着将我们引入生命的神的话语，因此"乌陵"也是代表着本为光的神。乌陵出版社为了用真光照亮整个世界，如今正在以祷告和赤诚，奔跑在文书宣教的前沿。

www.ingramcontent.com/pod-product-compliance
Lightning Source LLC
Chambersburg PA
CBHW061736120626
46550CB00005B/1808